KODUTALA HAPETUSE KOKARAAMAT

Avastage kodus täiusliku kooriku ja maitseküllase juuretisega leiva valmistamise kunst samm-sammult juhiste ja 100 maitsva retseptiga

Margus Luik

Autoriõigus materjal ©2023

Kõik õigused kaitstud

Ilma kirjastaja ja autoriõiguste omaniku nõuetekohase kirjaliku nõusolekuta ei saa seda raamatut ühelgi viisil, kujul ega kujul kasutada ega levitada, välja arvatud arvustuses kasutatud lühikeste tsitaatide puhul. Seda raamatut ei tohiks pidada meditsiiniliste, juriidiliste või muude professionaalsete nõuannete asendajaks.

SISUKORD

SISUKORD ... 3
SISSEJUHATUS ... 6
KLASSIKALISED JURETELEIBAD ... 7
   1. Karamelliseeritud sibulaleib ... 8
   2. Juustune Jalapeño leib ... 11
   3. Jõhvika-pekanipähkli leib ... 14
   4. Fifty/Fifty valge ja nisuleib ... 16
   5. Gruyère'i juustuleib ... 18
   6. Itaalia ürdileib ... 20
   7. Matteuse mannapudruleib ... 23
   8. Kaerajahuleib ... 25
   9. Röstitud küüslauguleib ... 27
   10. Rosmariinileib ... 29
   11. Pehme võileivaleib ... 31
   12. Kulutatud teraleib ... 33
   13. Päikesekuivatatud tomati ja basiiliku leib ... 35
   14. Päevalilleseemneleib ... 37
   15. Pähklileib ... 39
   16. Täisteraleib ... 41
   17. Kaera juuretis ... 43
   18. Itaalia keel ... 45
   19. Rosmariinileib ... 47
   20. Juust ja seesamileib ... 49
   21. Haputaignaleib rohelise teega ... 51
   22. Inglise nisu-surdough Bread ... 53
   23. Porgandisai ... 55
   24. Kaeraleib ... 57
   25. Läätseleib ... 59
   26. Magus Karlsbadi leib ... 61
   27. Gugelhupf ... 63
   28. Brioche ... 65
   29. Nisukuklid ... 67
KÜPSID, KÜPSID, KUKKLID, RULLID JA VEEL ... 69
   30. Peekoni ja juustu küpsised ... 70
   31. Bagelid ... 72
   32. Veise- ja juurviljapirukad ... 75

33. Mustikabagelid 78
34. Butterhorns 81
35. Cheddari juustu bagelid 83
36. Juustu- ja murulauguküpsised 86
37. Juust ja Jalapeño bagelid 88
38. Kaneeli rosina bagelid 91
39. Maisileib 94
40. Õhtusöögirullid 96
41. Inglise muffinid 99
42. Kõik bagelid 101
43. Saksa rukki- ja nisurullid 103
44. Hamburgeri kuklid 106
45. Hot Dogi kuklid 108
46. Üleöö küpsised 110
47. Pitsakoor 112
48. Kringlid 114
49. Kiirküpsised 116
50. Kiired petipiimaküpsised 118
51. Rustikaalne lapileib 120
52. Salvei krutoonid 122
53. Aeglaselt kasvavad rukkibagelid 124
54. Nisubagelid 127
55. Nisupitsakoor 129

HOMMIKUSÖÖKIMAD **131**

56. Apple Fritters 132
57. Apple Fritters on Fly 134
58. Õunapannkoogid 136
59. Peekoni hommikusöögi pajaroog 138
60. Mustikapannkoogid 140
61. Mustika vahvlid 142
62. Brunch pajaroog 144
63. Tatrapannkoogid 146
64. Petipiimapannkoogid 148
65. Kaneelirullid 150
66. Hollandi beebi 153
67. Kuum teravili 155
68. Kerged ja õhulised vahvlid 157
69. Kaerahelbepannkoogid 159

70. Üleöö pannkoogid 161
71. Kõrvitsapannkoogid 163
72. Kiired pannkoogid 165
73. Kiirvahvlid 167
74. Rukkipannkoogid 169
75. Vorsti ja juuretisega leivakiht 171
76. Sourdough Bread Prantsuse röstsai 173
77. Kärnkonn augus 175
78. Täisterapannkoogid 177
RUKI HAPUPEAS 179
79. Rukkileib 180
80. Levain 182
81. Rukis Ciabatta 184
82. Prantsuse talupojaleib 186
83. Sarapuupähklileib 188
84. Vene magus leib 190
85. Taani rukkileib 192
86. Pähklileib 194
87. Speltaleib apelsiniga 196
88. Aniisileib 198
89. Päevalilleleib 200
90. Õlleleib 202
91. Krõbe rukkileib 204
92. Maitsev krõbe leib 206
93. Õhukesed kreekerid 208
94. Kartulileib 210
SPELTA HAPUPEAS 212
95. Spelta juuretis 213
96. Spelta- ja rukkijuuretisest leib 215
97. Speltast valmistatud juuretisega bagelid 217
98. Kartuli juuretis 219
99. Läätsede juuretis 221
100. Oliivileib 223
KOKKUVÕTE 225

SISSEJUHATUS

Tere tulemast KODUTALA HAPETUSE KOKARAAMATi maailma! See kokaraamat on ülim juhend kõigile, kes armastavad juuretisega leiva maalähedast, käsitööndusliku maitset ja tekstuuri. Olenemata sellest, kas olete kogenud pagar või algaja, leiate sellest raamatust kõike, mida vajate maitsva juuretisega leiva valmistamise ja küpsetamise kohta.

Seest leiate kümneid suussulavaid retsepte juuretisega leiva, saia, saia ja muu jaoks. Alates klassikalistest pätsidest kuni loominguliste keerdudeni – selles kokaraamatus leidub igaühele midagi. Õpid, kuidas luua oma juuretist juuretist, kuidas sõtkuda ja vormida tainast ning kuidas saavutada täiuslik kerkimine ja küpsetamine.

Kuid see raamat on midagi enamat kui lihtsalt retseptide kogu. See on kodumajapidamise elustiili ja käsitöö leivategu traditsioonide tähistamine. Saate teada juuretise ajaloost, naturaalse pärmi kasutamise eelistest ja rahulolust, mida pakub leiva nullist valmistamine.

Nii et olenemata sellest, kas soovite varustada oma sahvrit maitsva ja tervisliku leivaga või soovite lihtsalt avastada juuretise küpsetamise maailma, on KODUTALA HAPETUSE KOKARAAMAT teile parim teejuht.

Kodutald, juuretis, käsitöö, maalähedane, omatehtud, leib, retseptid, maitsvad, pätsid, bagelid, küpsetamine, eelroog, sõtkumine, vormimine, kergitamine, küpsetamine, kodumajapidamine, elustiil, traditsioonid, naturaalne pärm, sahver, tervislik, kriimustada..

KLASSIKALISED JURETELEIBAD

1. Karamelliseeritud sibulaleib

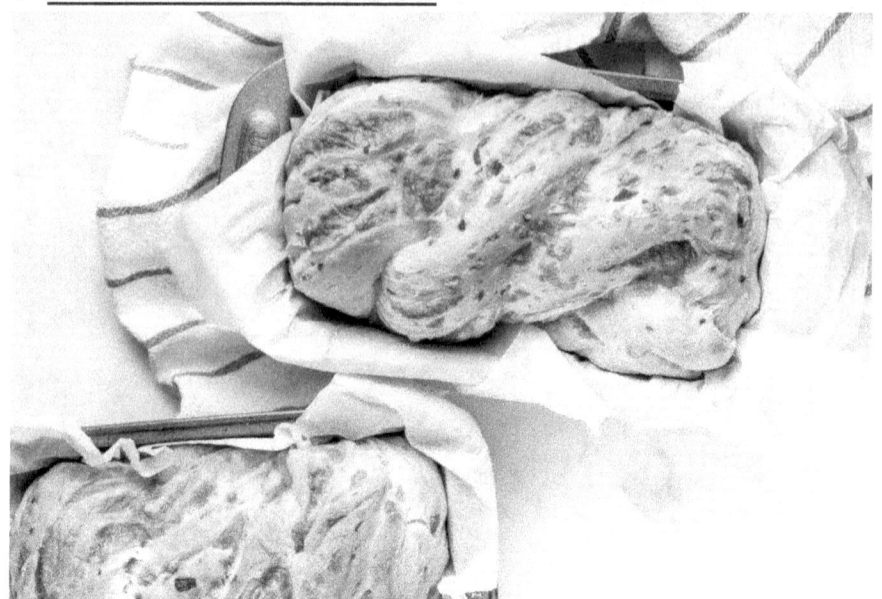

Karamelliseeritud sibul
1 T oliiviõli (vajadusel natuke rohkem)
½ suurt sibulat, hakitud väikesteks tükkideks
¼ tl. granuleeritud suhkur
¼ tl. soola
Leiva tainas
533 g. pleegitamata universaalne jahu
267 g. aktiivne starter
267 g. vesi
13 g. soola
Karamelliseeritud sibul ülaltoodud retseptist

Kuumuta keskmisel pannil õli keskmisel kuumusel. Lisa sibul ja sega, et tükid oleks õliga kaetud. Lisa suhkur ja sool ning kuumuta segades, et sibulatükid kõrbema ei läheks, kuni sibulad on pehmenenud ja muutunud helekuldpruuniks (umbes 20 minutit). Kui tundub, et sibul hakkab kuivama, võid lisada väikese koguse õli, et need pannile ei kleepuks ega kõrbeks. Kui olete valmis, viige karamelliseeritud sibul väikesesse anumasse ja jahutage neid kuni vajaduseni.

Sega suures kausis kõik koostisosad peale soola ja karamelliseeritud sibula. Kata kauss kilega ja lase tainal umbes 30 minutit toatemperatuuril seista. Puista soola kogu taignale ja sega uuesti korralikult läbi, et sool täielikult seguneks. Hoides tainast anumas, venitage ja voltige tainast 3 korda, kattes kaussi kilega ja laske tainal iga kord seansside vahel 30 minutit puhata. Pärast kolmandat venitamise ja voltimise seanssi katke tainas kaanega ja laske 30 minutit puhata. Seejärel lisage karamelliseeritud sibul, sõtkuge õrnalt, et hakata tükke kogu tainas segama. Tehke veel 3 venitust ja voltimist 30-minutilise vahega, kattes kaussi seansside vahel.

Hoides kaussi kilega kaetud, laske tainal kerkida, kuni see on umbes kahekordistunud, tavaliselt 4–8 tundi või üleöö.

Pöörake tainas õrnalt jahuga ülepuistatud tööpinnale ja vormige see. Kata kilega ja lase kerkida umbes 4 tundi või kuni see on peaaegu kahekordistunud.

Lõika ülemine osa. Kuumuta ahi 400–450 kraadini ja küpseta 45–50 minutit või kuni see on valmis.

Teeb 1 pätsi

2. Juustune Jalapeño leib

Starter
50 g. pleegitamata universaalne jahu
50 g. vesi
15 g. starter
Leiva tainas
Starter tehtud eelmisel õhtul
360 g. vesi
500 g. pleegitamata universaaljahu või täistera- ja universaaljahu kombinatsioon
10 g. soola
50 g. viilutatud jalapeño paprika (värske, röstitud või marineeritud)
100 g. terav cheddari juust, tükeldatud

Eelnev öö:
Suures segamisnõus, kuhu kavatsed teha leivataigna, sega eelroa koostisosad; katke kilega ja laske starteril üleöö toatemperatuuril seista.
Järgmisel hommikul:
Lisage ettevalmistatud juuretist sisaldavasse kaussi vesi ja segage segu. Klopi jahu ja sool omavahel läbi ning lisa eelroale, sega kätega ja vahusta, kuni kuivanud jahutükid puuduvad. (Mulle meeldib segada suure lusikaga sisse umbes pool jahusegust ning seejärel lisada ülejäänud jahusegu ja segada käsitsi.) Kata kauss kilega ja lase tainal 2 tundi toatemperatuuril seista.
Tehke 2 venitus- ja voltimiskomplekti 30-minutilise vahega ning katke kauss, kui tainas puhkab. Pärast teist venitus-, voltimis- ja puhkeperioodi lisage jalapeño paprika ja juust ning venitage ja voltige veel 3-4 korda 30-minutilise intervalliga, kattes kaussi iga kord. Peale viimast venitamist ja voltimist kata kauss ja lase tainal 2–3 tundi kerkida.
Tõsta tainas jahuga ülepuistatud tööpinnale ja vormi tainas ringiks või piklikuks. Puista tainas väljastpoolt jahuga, kata kinni ja lase toatemperatuuril kerkida umbes 3 tundi.
Kuumuta ahi 450°-ni. Kui kasutate Hollandi ahju või sarnast leivaküpsetajat, asetage küpsetusvorm ahju ka eelsoojendamiseks.

Lõigake pätsi ülaosa žileti või labaga ja asetage päts ettevaatlikult eelkuumutatud Hollandi ahju. (Ma kasutan oma põhja jaoks kaant ja katte jaoks Hollandi ahju ennast, kuna pätsi on palju lihtsam asetada.)
Küpseta kaane all 30 minutit; eemalda ülaosa ja jätka küpsetamist veel 20–25 minutit. Kui kasutad küpsetuskivi või küpsetusplaati, aseta ahjupann keeva veega leiva alla restile, et küpsetisele auru lisada. Eemaldage leib Hollandi ahjust ja asetage see enne viilutamist restile jahtuma.
Teeb 1 pätsi

3. Jõhvika-pekanipähkli leib

200 g. pleegitamata universaalne jahu
200 g. täistera nisujahu
20 g. pekanipähkli tükid
20 g. kuivatatud jõhvikad
10 g. soola
200 g. aktiivne starter
225 g. vesi

Sega keskmises segamiskausis jahud, pekanipähklitükid, kuivatatud jõhvikad ja sool. Lisa ülejäänud koostisosad, sega ühtlaseks ja lase tainal seista umbes 30 minutit. Tainast anumas hoides venitage ja voltige tainast umbes 6 korda 30-minutilise intervalliga. Algul kipuvad lisandid välja kukkuma, kuid suruge need sõrmedega õrnalt taignasse venitamise ja voltimise ajal. Kui jätkate venitus- ja voltimisseanssi, segunevad pekanipähklid ja jõhvikad ühtlaselt. Kata kauss ja lase tainal kerkida, kuni see on umbes kahekordistunud, tavaliselt 4–8 tundi või üleöö.
Tõsta tainas õrnalt jahusel tööpinnale ja vormi. Kata ja lase kerkida umbes 4 tundi või kuni ilusti kerkib.
Lõika ülemine osa. Kuumuta ahi 400–450 kraadini ja küpseta 40–50 minutit või kuni see on valmis. Jahuta restil.
Teeb 1 pätsi

4. Fifty/Fifty valge ja nisuleib

225 g. vesi
200 g. aktiivne starter
200 g. pleegitamata universaalne jahu
200 g. täistera nisujahu
10 g. soola

Sega suures kausis kõik koostisosad peale soola. Kata kauss kilega ja lase tainal umbes 30 minutit toatemperatuuril seista. Puista tainale soola ja sega uuesti korralikult läbi, et sool seguneks täielikult. Tainast anumas hoides venitage ja voltige tainast umbes 6 korda 30-minutilise intervalliga, kattes kaussi iga kord kilega. Hoides kaussi kilega kaetud, laske tainal kerkida, kuni see on umbes kahekordistunud, tavaliselt 4–8 tundi või üleöö.
Tõsta tainas õrnalt jahusel tööpinnale ja vormi. Kata kilega ja lase kerkida umbes 4 tundi või kuni umbes kahekordistub.
Lõika ülemine osa. Kuumuta ahi 400–450 kraadini ja küpseta 45–55 minutit või kuni see on valmis. Jahuta restil.
Teeb 1 pätsi

5. Gruyère'i juustuleib

300 g. vesi
267 g. aktiivne starter
267 g. pleegitamata universaalne jahu
267 g. täistera nisujahu
13 g. soola
50 g. Gruyère juust, hakitud

Sega suures kausis kõik koostisosad peale soola ja Gruyére juustu. Kata kauss kilega ja lase tainal umbes 30 minutit toatemperatuuril seista. Puista tainale soola ja sega uuesti korralikult läbi, et sool seguneks täielikult. Kata tainas kaanega ja lase 30 minutit puhata. Tainast anumas hoides venitage ja voltige tainast iga 30 minuti järel. Tehke seda 3 korda, kattes kaussi pärast iga seanssi kilega.
Lisage Gruyére'i juust, andes endast parima, et segada seda kogu tainas. Venitage ja voltige tainast veel 3 korda (kokku 6 korda), kattes kausi pärast iga seanssi kilega.
Hoides kaussi kilega kaetud, laske tainal kerkida, kuni see on umbes kahekordistunud, tavaliselt 4–8 tundi või üleöö.
Tõsta tainas õrnalt jahusel tööpinnale ja vormi. Kata päts kilega ja lase 2–4 tundi kerkida või kuni see on kerkinud vähemalt poole võrra.
Lõika ülemine osa. Kuumuta ahi 400–450 kraadini ja küpseta 45–55 minutit või kuni see on valmis. Jahuta restil.
Teeb 1 pätsi

6. Itaalia ürdileib

240 g. aktiivne starter
15 g. võid
240 g. piim
1 tl. soola
1 tl. granuleeritud suhkur
½ tl. kuivatatud tüümian
½ tl. kuivatatud pune
½ tl. kuivatatud basiilik
490 g. pleegitamata universaalne jahu

Eelnev öö:
Suures segamisnõus lisage starter. Sulata või mikrolaineahjus kasutatavas kausis, mis on piisavalt suur, et ka piim mahutaks; mikrolaineahjus, kuni või on täielikult sulanud. Valage piim kaussi, mis sisaldab sulatatud võid, ja seejärel lisage sool, suhkur, tüümian, pune ja basiilik. Sega hästi. Kontrollige, et piimasegu ei oleks kuumem kui 100°; kui see on piisavalt jahtunud, kalla see juuretist sisaldavasse kaussi ja sega uuesti korralikult läbi. Lisa tassi kaupa jahu ja sega pärast iga lisamist. Kui tainas muutub käsitsi segamiseks liiga jäigaks, kummuta jahuga ülepuistatud tööpinnale ja sõtku seda, lisades käigu pealt jahu, kuni tainas on ühtlane ja satiinne. Selleks kulub 8 minutit või rohkem. Asetage tainas tagasi puhtasse segamisnõusse. Kata kauss kilega ja lase üleöö toatemperatuuril kerkida. Järgmisel hommikul,

Järgmisel hommikul:
Tõsta tainas õrnalt jahuga ülepuistatud tööpinnale ja lase 30 minutit puhata. Vormi tainast soovitud kuju. Aseta päts kas küpsetuspaberiga kaetud ahjuplaadile, silikoonist küpsetusmatile või võiga määritud leivavormi. Lase toatemperatuuril kerkida 2–4 tundi või seni, kuni päts kahekordistub (kui kasutad leivavormi, lase sellel kerkida leivavormi ülaossa).

Leiba saab küpsetada kahel viisil:
- Pane pann jahedasse ahju ja keera siis ahi 375° peale. Küpseta 70 minutit.
- Kuumutage ahi 450°-ni ja küpsetage leiba 40–45 minutit.

Võta leib ahjust (või leivavormist) välja ja aseta restile jahtuma.
Teeb 1 pätsi

7. Matteuse mannaleib

300 g. pleegitamata universaalne jahu
225 g. vesi
200 g. aktiivne starter
100 g. manna jahu
10 g. soola

Sega suures kausis kõik koostisosad peale soola. Kata kauss kilega ja lase tainal umbes 30 minutit toatemperatuuril seista. Puista tainale soola ja sega uuesti korralikult läbi, et sool seguneks täielikult. Tainast anumas hoides venitage ja voltige tainast iga 30 minuti järel umbes 5–6 korda, kattes kaussi iga kord kilega. Kata kauss ja lase tainal kerkida, kuni see on umbes kahekordistunud, tavaliselt 4–8 tundi või üleöö.

Tõsta tainas õrnalt jahusel tööpinnale ja vormi. Kata päts kilega ja lase toatemperatuuril kerkida 2–4 tundi või kuni umbes kahekordistub.

Lõika ülemine osa. Kuumuta ahi 400–450 kraadini ja küpseta 40–45 minutit või kuni see on valmis. Jahuta restil.

Teeb 1 pätsi

8. Kaerajahu leib

3 tassi universaalset jahu
2 tassi aktiivset starterit
1½ tassi vanaaegset valtsitud kaera
1 kuni 1½ tassi piima, soojendatud umbes 90°-ni
3 T. kallis
2 T. oliiviõli
1½ tl. soola

Segage suures segamiskausis kõik koostisosad ja segage, kuni moodustub tainas; kata kauss ja lase tainal 30 minutit puhata.

Sõtku tainast umbes 6 minutit, kasutades jahu, et tainas ei kleepuks, kuid püüa kasutada võimalikult vähe, et tainas jääks pehme (mina teen tavaliselt sõtkumise kausis). Tõsta tainas teise suurde segamisnõusse, mis on määritud. Kata ja lase tainal 2 tundi toatemperatuuril kerkida.

Vormige tainas ja asetage see suurde võiga määritud leivavormi. Kata ja lase toatemperatuuril kerkida veel 2–4 tundi.

Kuumuta ahi 375°-ni ja küpseta 50–55 minutit või kuni valmis.

Eemaldage leib ja laske sellel enne viilutamist 15–20 minutit restil jahtuda.

Teeb 1 pätsi

9. Röstitud küüslauguleib

800 g. pleegitamata universaalne jahu
20 g. soola
3 kuni 4 röstitud küüslauguküünt, risti pooleks või kolmandikuks lõigatud ja seejärel õhukesteks viiludeks
400 g. aktiivne starter
400 g. vesi
Sega keskmises segamiskausis jahu, sool ja röstitud küüslaugutükid. Lisa ülejäänud koostisosad, sega ühtlaseks, kata kauss kilega ja lase tainal umbes 30 minutit seista. Tainast anumas hoides venitage ja voltige tainast iga 30 minuti järel umbes 6 korda, kattes kaussi iga kord kilega. Hoides kaussi kaetuna, laske tainal kerkida, kuni see on umbes kahekordistunud, tavaliselt 4–8 tundi või üleöö.
Tõsta tainas õrnalt jahusel tööpinnale ja vormi. Kata päts kilega ja lase kerkida umbes 4 tundi või kuni umbes kahekordistunud.
Lõika ülemine osa. Kuumuta ahi 400–450 kraadini ja küpseta 40–50 minutit või kuni see on valmis. Jahuta restil.
Sellest saab 1 suure või 2 väikest pätsi

10. Rosmariini leib

400 g. pleegitamata universaalne jahu
200 g. aktiivne starter
200 g. vesi
20 g. värske rosmariin, peeneks hakitud või tükeldatud
10 g. soola

Sega suures kausis kõik koostisained peale rosmariini ja soola. Kata kauss kilega ja lase tainal umbes 30 minutit toatemperatuuril seista. Puista rosmariini ja soola kogu taignale ning sega uuesti korralikult läbi, et lisatud koostisosad oleksid täielikult kaasatud. Hoides tainast anumas, venitage ja voltige tainast iga 30 minuti järel umbes 6 korda, kattes kaussi iga kord kilega. Hoides kaussi kilega kaetud, laske tainal kerkida, kuni see on peaaegu kahekordistunud, tavaliselt 4–8 tundi või üleöö.

Tõsta tainas õrnalt jahusel tööpinnale ja vormi. Kata kilega ja lase kerkida umbes 4 tundi või kuni hästi kerkib.

Lõika ülemine osa. Kuumuta ahi 400–450 kraadini ja küpseta 40–50 minutit või kuni see on valmis. Jahuta restil.

Teeb 1 pätsi

11. Pehme võileib

28 g. võid
240 g. peaaegu keemiseni kuumutatud piim
224 g. aktiivne starter
12 g. granuleeritud suhkur
9 g. soola
350 g. pleegitamata universaalne jahu
1 muna, lahtiklopitud
Asetage või kuuma piima sisse ja segage, et või sulaks; jahuta piimasegu 100°-ni.
Segage suures segamiskausis piimasegu, starter, suhkur ja sool. Lisa vähehaaval jahu, kuni tainast enam käsitsi segada ei saa. Tõsta tainas jahuga ülepuistatud tööpinnale ja sõtku hulka ülejäänud jahu. Jätkake sõtkumist mitu minutit, kasutades võimalikult vähe lisajahu. Tainas peaks olema pehme ja kergelt kleepuv.
Vormige tainast ümmargune sile pall ja asetage see suurde õliga määritud või määritud kaussi, keerates tainast nii, et see kataks kõik pinnad. Kata kauss kilega ja lase 30 minutit toatemperatuuril seista. Venitage ja voltige tainast kokku 2 korda 30-minutilise intervalliga ning hoides kaussi vahel kaetult. Lase kaetud tainal 1 tund toatemperatuuril seista; seejärel venita ja voldi 3 korda 1-tunniste vahedega, hoides kaussi vahel kaetult.
Nüüdseks peaks tainas olema väga särtsakas ja kerge, aga kui mitte, siis kata tainas ja lase tund-paar kauem puhata.
Määri leivavorm rasvaga ja tõsta kõrvale, kuni vormid tainast nii, et see mahuks leivavormi sisse, vormides tainast ettevaatlikult, et see jääks kerge ja õhuline. Aseta tainas ettevalmistatud leivavormi, kata vorm niiske köögirätiku või õlitatud kilega (et tainas ei kleepuks) ja tõsta letile, kuni tainas on panni ülaossa kerkinud või hulgi umbes kahekordistunud. (See peaks kestma 1–2 tundi.)
Kuumuta ahi 350°-ni. Lõika pätsi keskosa alla ja küpseta seda 30–40 minutit või kuni leib on valmis ja pealmine osa on helekuldpruun.
Laske leival 5 minutit pätsipannil seista, enne kui keerate selle vormist välja ja asetate traatjahutusrestile, kuni see on täielikult jahtunud.
Teeb 1 pätsi

12. Kulutatud teraleib

225 g. vesi
200 g. aktiivne starter
200 g. pleegitamata universaalne jahu
200 g. täistera nisujahu
⅓ kuni ½ tassi kasutatud teravilja (vt märkust)
10 g. soola

Märkus. Õllepruulimisprotsessist jääb üle kasutatud teravili. Kulutatud teravilja saate hõlpsalt hankida, kui küsite oma kodus õlut pruulivalt sõbralt oma järelejäänud kasutatud vilja või helistage kohalikule õlletehasele – tõenäoliselt annavad nad teile hea meelega või müüvad nii palju kui soovite. Saan oma kulutatud vilja kohalikust õlletehasest ja koju jõudes mõõdan vilja ½ tassi portsjoniteks, eemaldan nii palju õhku kui võimalik ja külmutan sobivates anumates. Sulatage ja kasutage vastavalt vajadusele.

Segage suures kausis kõik koostisosad, välja arvatud kasutatud teravili ja sool. Kata kauss kilega ja lase tainal umbes 30 minutit toatemperatuuril seista. Piserdage kasutatud tera ja sool tainale ning segage uuesti hästi, et sool täielikult seguneks. Laske tainal teist korda puhata, umbes 45 minutit. Tainast anumas hoides venitage ja voltige tainast umbes 6 korda 30-minutilise intervalliga, kattes kaussi iga kord kilega. Hoides kaussi kilega kaetud, laske tainal kerkida, kuni see on umbes kahekordistunud, tavaliselt 4–8 tundi või üleöö.

Tõsta tainas õrnalt jahusel tööpinnale ja vormi. Kata kilega ja lase kerkida umbes 4 tundi või kuni umbes kahekordistub.

Lõika ülemine osa. Kuumuta ahi 400–450 kraadini ja küpseta 45–55 minutit või kuni see on valmis. Jahuta restil.

Teeb 1 pätsi

13. Päikesekuivatatud tomati ja basiiliku leib

225 g. vesi
200 g. aktiivne starter
200 g. pleegitamata universaalne jahu
200 g. täistera nisujahu
10 g. soola
30 g. päikesekuivatatud tomatid, hakitud väikesteks tükkideks (mitte suuremad kui šokolaaditükk)
1 kuhjaga tl. kuivatatud basiilikulehed (ärge kasuta jahvatatud basiilikut)

Sega suures kausis kõik koostisained peale päikesekuivatatud tomatite ja basiiliku. Lase tainal umbes 30 minutit seista. Hoides tainast anumas, venitage ja voltige tainas, katke kauss ja laske 30 minutit puhata; venita ja voldi tainas teist korda kokku, kata kauss ja lase veel 30 minutit puhata.

Nüüd lisage päikesekuivatatud tomatid ja basiilik, tehes kõik endast oleneva, et puistata tükke kogu tainas; venitage ja voltige tainast veel 4 korda, kattes kaussi ja laske tainal iga kord 30 minutit puhata. Iga järgneva venitamise ja voltimise käigus märkate, et päikesekuivatatud tomatid ja basiilik jaotuvad taignas ühtlasemalt.

Kata kauss ja lase tainal kerkida, kuni see on umbes kahekordistunud, tavaliselt 4–8 tundi või üleöö.

Tõsta tainas õrnalt jahusel tööpinnale ja vormi. Kata ja lase kerkida umbes 4 tundi või kuni umbes kahekordistunud.

Lõika ülemine osa. Kuumuta ahi 400–450 kraadini ja küpseta 40–45 minutit või kuni see on valmis. Jahuta restil.

Teeb 1 pätsi

14. Päevalilleseemneleib

240 g. aktiivne starter
1 T. võid
240 g. piim
½ tassi tooreid päevalilleseemneid
1 T. mesi
1 tl. soola
175 g. täistera nisujahu
140 g. kõva nisujahu (võite asendada pool täistera ja pool pleegitamata universaaljahu)
175 g. pleegitamata universaalne jahu
Valage starter suurde segamisnõusse ja pange praegu kõrvale.

Eelnev öö:
Sulata mikrolaineahjus kasutatavas kausis või ja lisa seejärel piim; sega hulka päevalilleseemned, mesi ja sool. Kontrollige või ja piima segu temperatuuri ja veenduge, et see ei oleks soojem kui 100°. Kui segu on piisavalt jahtunud, lisage see starterit sisaldavasse suurde segamisnõusse ja segage hästi. Lisa täistera nisujahu ja durum ning sega käsitsi. Alustage universaalse jahu lisamist vähehaaval, segades pärast iga lisamist. Kui tainas muutub käsitsi segamiseks liiga jäigaks, kummuta tainas jahusel tööpinnal ja sõtku sisse ülejäänud jahu. Jätkake taigna sõtkumist, kuni see on sile ja satiinne (umbes 8 minutit). Kata kauss kilega ja lase tainal üleöö toatemperatuuril seista, et maht kahekordistuks.

Järgmisel hommikul:
Tõsta tainas õrnalt jahuga ülepuistatud tööpinnale ja lase tainal 30 minutit puhata. Vormi tainast soovitud kuju. Aseta päts küpsetusplaadile või leivavormi ja lase toatemperatuuril kerkida 2–4 tundi või nii kaua kui vaja, et päts oleks umbes kahekordne (kui kasutad leivavormi, lase kerkida leivavormi ülaosa).
Asetage pann jahedasse ahju ja seejärel keerake ahi 375 kraadini. Küpseta 65 kuni 70 minutit. Võta leib ahjust (ja leivavormist, kui kasutad) ja aseta restile jahtuma.
Teeb 1 pätsi

15. Kreeka pähkli leib

200 g. pleegitamata universaalne jahu
200 g. täistera nisujahu
40 g. pähkli tükid
10 g. soola
225 g. vesi
200 g. aktiivne starter
1 T pähkliõli (valikuline)

Sega keskmises segamiskausis jahud, kreeka pähklitükid ja sool. Lisa ülejäänud koostisosad, sega ühtlaseks ja lase tainal seista umbes 30 minutit. Hoides tainast anumas, venitage ja voltige tainast iga 30 minuti järel umbes 6 korda. Kata kauss ja lase tainal kerkida, kuni see on umbes kahekordistunud, tavaliselt 4–8 tundi või üleöö.
Tõsta tainas õrnalt jahusel tööpinnale ja vormi. Kata ja lase kerkida umbes 4 tundi või kuni umbes kahekordistunud.
Lõika ülemine osa. Kuumuta ahi 400–450 kraadini ja küpseta 40–50 minutit või kuni see on valmis. Jahuta restil.
Teeb 1 pätsi

16. Täistera leib

400 g. täistera nisujahu
250 g. vesi
200 g. starter
10 g. soola

Sega suures kausis kõik koostisosad peale soola. Laske tainal umbes 45 minutit seista; puista taignale soola ja sega uuesti korralikult läbi, et sool oleks täielikult segunenud. Hoides tainast anumas, venitage ja voltige tainast iga 30 minuti järel umbes 6 korda. Kata kauss ja lase tainal kerkida, kuni see on umbes kahekordistunud, tavaliselt 4–8 tundi või üleöö.

Tõsta tainas õrnalt jahusel tööpinnale ja vormi. Kata ja lase kerkida umbes 4 tundi või kuni umbes kahekordistunud.

Lõika ülemine osa. Kuumuta ahi 400–450 kraadini ja küpseta 40–45 minutit või kuni see on valmis. Jahuta restil.

Teeb 1 pätsi

17. Kaera juuretis

Koostisained
- 1 tass (200 ml) valtsitud kaerahelbeid
- ¼ tassi (50 ml) vett, toatemperatuur
- 2 õuna, kooritud ja riivitud

Juhised

a) Sega kaer blenderis, kuni saavutab jahuga sarnase konsistentsi.

b) Sega koostisained ja lase 2–4 päeva seista tihedalt suletavas kaanega klaaspurgis. Segage hommikuti ja õhtuti.

c) Starter on valmis, kui segu hakkab mullitama. Sellest hetkest peale ei pea muud tegema, kui tainast "söötma", et see säilitaks oma maitse ja käärimisvõime. Kui jätate juuretise külmkappi, söödake seda kord nädalas ½ tassi (100 ml) vee ja 1 tassi (100 g) kaerajahuga. Kui hoiate juuretist toatemperatuuril, tuleks seda sööta iga päev, samal viisil. Konsistents peaks sarnanema paksu pudruga.

d) Kui juuretisest jääb üle, võid selle sügavkülmutada anumates, kuhu mahub pool tassi.

18. itaalia keel

Teeb 3 pätsi
Koostisained
1. päev
- ⅔ tassi (150 g) vett, toatemperatuur
- 2 tassi (250 g) nisujahu
- 1 ¾ teelusikatäit (5 g) värsket pärmi

2. päev
- 9 tassi (1,1 kg) nisujahu
- 2 tassi (500 ml) vett, toatemperatuur
- 12 untsi. (350 g) nisujuuretise juuretis
- ½–1 supilusikatäit mett
- ½ supilusikatäit (10 g) soola

Juhised

a) Sega koostisained hästi läbi. Lase taignal umbes 12 tundi külmkapis kerkida.

b) Lisa eelmisel päeval valmistatud tainale kõik koostisosad peale soola. Sõtku elastseks ja lisa sool.

c) Jaga tainas kolmeks osaks ja vormi ümmargused pätsid. Kasta pätsid õrnalt jahusse ja aseta rasvainega määritud ahjuplaadile.

d) Lase pätsidel umbes 10 tundi külmkapis kerkida.

e) Küpseta pätse 240 °C (475 °F) juures 25–30 minutit.

19. Rosmariini leib

Teeb 1 pätsi
Koostisained
- 3 untsi (80 g) nisujuuretise juuretis
- 2 tassi (250 g) nisujahu
- ½ tassi (125 ml) vett, toatemperatuur
- 3½ teelusikatäit (10 g) värsket pärmi
- 1 tl (5 g) soola
- 1 supilusikatäit oliiviõli
- värske rosmariin

Juhised
a) Sega kõik koostisosad, välja arvatud õli ja rosmariin, kuni saad ühtlase taigna. Lase 20 minutit kerkida.
b) Rullige tainas lahti ja vormige sellest ristkülik, mille paksus on umbes 3 mm (1/10 tolli).
c) Pintselda oliiviõliga. Haki rosmariin ja puista taigna peale. Seejärel rullige tainas ristküliku lühemast küljest üles. Kinnitage otsad.
d) Laske leival umbes 30 minutit kerkida ja tehke taignarulli keskele sügav sisselõige, et kõik kihid oleksid nähtavad. Lase veel 10 minutit kerkida.
e) Ahju algtemperatuur: 475 °F (250 °C)
f) Asetage leib ahju. Piserdage ahju põhja tassitäis vett. Alandage temperatuur 210 °C-ni (400 °F) ja küpsetage umbes 20 minutit.
g) Pintselda tainas õliga ja määri peale rosmariin ühtlaselt.
h) Rulli tainas kokku. Suruge otsad kokku.
i) Lõika leivale pärast kerkimist punktid.

20. Juust ja seesami leib

Teeb 3 pätsi
Koostisained
1. päev
- 8½ untsi. (240 g) nisujuuretise juuretis
- 1½ tassi (350 ml) vett, toatemperatuur
- 1½ tassi (200 g) kõva nisujahu
- 1½ tassi (200 g) nisujahu

2. päev
- 1 supilusikatäit (15 g) soola
- 2¼ tassi (250 g) riivjuustu, näiteks laagerdunud Šveitsi või Emmentali juustu
- ½ tassi (100 ml) röstitud seesamiseemneid
- 3⅔ tassi (400 g) nisujahu (kogus sõltub kasutatud juustust)

oliiviõli kausi jaoks

Juhised
a) Sega ained korralikult läbi ja lase külmkapis umbes 12 tundi kerkida.
b) Eemaldage tainas aegsasti külmkapist, et see ei oleks liiga külm. Lisa sool, juust, seesamiseemned ja jahu. Mida kuivem on juust, seda vähem jahu vajate. Sega korralikult läbi ja lase võiga määritud fooliumiga kaetud segamisnõus kerkida, kuni tainas on kahekordistunud.
c) Laota tainas ettevaatlikult lauale laiali ja lõika kolmeks osaks. Vormi õrnalt ümarad pätsid. Aseta pätsid võiga määritud ahjuplaadile ja lase leival umbes 30 minutit kerkida.
d) Ahju algtemperatuur: 450 °F (230 °C)
e) Pange leib ahju ja vähendage temperatuuri 210 °C-ni (400 °F). Küpseta umbes 30 minutit.
f) Rösti seesamiseemned kuival pannil. Lase seesamiseemnetel enne taigna segamist jahtuda.
g) Kui tainas on valmis, vormi ettevaatlikult ümmargused pätsid.
h) Kui pätsid on kolmkümmend minutit kerkinud, jahu ja tehke pätside peale enne ahju panemist õrnalt sisselõiked.

21. Hapuoblikas leib rohelise teega

Teeb ühe pätsi
Koostisained
- 1 tass (250 ml) kanget rohelist teed, leige
- 7 untsi (200 g) nisu juuretisest
- 1 supilusikatäit (15 g) soola
- 5 tassi (600 g) nisujahust oliivõli kausi jaoks

Juhised

a) Sega koostisained ja sõtku hästi. Lase taignal 1 tund rasvaga määritud ja kaetud kausis kerkida.

b) Vala tainas õrnalt küpsetuslauale. See peaks kergelt välja voolama.

c) Voldi päts õrnalt kokku ja aseta võiga määritud ahjuplaadile. Lase veel 30 minutit kerkida.

d) Ahju algtemperatuur: 475 °F (250 °C)

e) Aseta leib ahju ja piserda ahju põhja tassitäis vett. Vähendage temperatuuri 400 °F-ni (200 °C).

f) Küpseta leiba umbes 25 minutit.

22. Inglise nisu-surdough leib

Teeb 1 pätsi
Koostisained
- ¾ oz. (20 g) värsket pärmi
- 1¼ tassi (300 ml) vett, toatemperatuur
- 5½ tassi (650 g) täistera nisujahu
- 5 untsi (150 g) nisujuuretise juuretis
- 1 supilusikatäit (15 g) soola
- 1 spl toorsuhkrut
- ¼ tassi (50 ml) oliiviõli
- sulatatud või pintseldamiseks

Juhised
a) Lahusta pärm väheses vees. Segage kõik koostisosad hoolikalt ja sõtke hästi. Kui vajate rohkem vett, kui on ette nähtud, proovige lisada vähehaaval. Kogus on vaid ligikaudne, kuna jahu tundlikkus võib varieeruda.
b) Vormi sõtkutud tainast päts ja lase kerkida, kuni see on mahult kahekordistunud, umbes 45–60 minutit.
c) Enne ahju panemist pintselda leiva peale veidi sulavõid.
d) Aseta leib ahju ja piserda ahju põhja tassitäis vett. Vähendage temperatuuri 400 °F-ni (200 °C).
e) Küpseta leiba umbes 30 minutit.

23. Porgand Leib

Teeb 2-3 pätsi
Koostisained
- ½ tassi (100 ml) piima, toatemperatuur
- 1¾ teelusikatäit (5 g) värsket pärmi
- 1 supilusikatäit (15 g) soola
- 3¾ tassi (450 g) täistera nisujahu
- 1 tass (100 g) valtsitud kaerahelbeid
- 5 untsi (150 g) nisujuuretise juuretis
- 1 tass (200 ml) vett, toatemperatuur
- 2 tassi (250 g) riivitud porgandit

Juhised

a) Sega piim ja pärm. Sega kõik koostisosad, välja arvatud porgandid. Sõtku tainast umbes 10 minutit. Lisa riivitud porgand ja sõtku veel.

b) Lase tainal soojas kohas 60–90 minutit kerkida.

c) Ahju algtemperatuur: 475 °F (250 °C)

d) Aseta pätsid ahju ja küpseta 10 minutit. Alandage temperatuur 180 °C-ni (350 °F) ja küpsetage veel umbes 30 minutit.

e) Rösti kaer mittenakkuval pannil.

f) Sõtku tainast umbes 10 minutit. Lisa riivitud porgand.

24. Kaeraleib

Teeb 3 pätsi
Koostisained
- 1 partii kaera juuretisega juuretist
- ½ tassi (125 ml) vett, toatemperatuur
- ½ supilusikatäit (10 g) soola
- 2 tl (15 g) mett
- u. 2½ tassi (300 g) nisujahu
- paar valtsitud kaera

Juhised

a) Sega kõik koostisosad peale valtsitud kaera ja sõtku korralikult läbi. Lase taignal 2–3 tundi kerkida.

b) Vormi tainast kolm ümmargust pätsi. Pintselda üle veega ja kasta saiad kaerakaera sisse. Lase taignal rasvainega määritud ahjuplaadil kerkida veel 45 minutit.

c) Küpseta pätse 190 °C (375 °F) juures umbes 20 minutit.

25. Läätseleib

Teeb 1 pätsi
Koostisained
- 1 partii läätsede juuretist
- ¼ tassi (50 g) oliiviõli
- 2 tl (10 g) meresoola
- ½ tassi (100 ml) vett, toatemperatuur
- 2 tassi (250 g) nisujahu

Juhised
a) Sega koostisained ja sõtku hästi. Kui tainas jääb liiga lahti, siis lisa veel veidi jahu. Aseta tainas ööseks külmkappi.
b) Eemaldage tainas ja sõtke seda veel veidi. Vormi tainast päts ja aseta rasvainega määritud ahjuplaadile.
c) Lase leival umbes 12 tundi külmkapis kerkida.
d) Eemaldage leib külmkapist ja laske sellel enne ahju panemist 30 minutit toatemperatuuril seista. Küpseta leiba temperatuuril 400 °F (200 °C) umbes 30 minutit.

26. Magus Karlsbadi leib

Teeb umbes 30 kuklit
Koostisained
- 1⅔ tassi (400 ml) piima, toatemperatuur
- 7 untsi (200 g) nisu juuretisest
- 9 tassi (1 kg) nisujahu
- 3½ supilusikatäit (30 g) värsket pärmi
- 1 tass (250 g) võid
- 1 tass (200 g) suhkrut
- 6 munakollast
- ½ supilusikatäit (10 g) soola
- 1 muna pintseldamiseks

Juhised

a) Sega 1¼ tassi (300 ml) piima juuretise, poole jahu ja pärmiga. Lase kerkida umbes 1 tund.

b) Sulata või ja lase jahtuda.

c) Sega kõik koostisosad taignaga. Sõtku tainas ühtlaseks.

d) Vormige tainast umbes kolmkümmend tavalised kuklid või poolkuud ja asetage need võiga määritud ahjuplaadile.

e) Lase neil riide all kerkida, kuni kuklid on kahekordistunud.

f) Määri kuklid lahtiklopitud munaga. Küpseta temperatuuril 400 °F (210 °C) umbes 10 minutit.

27. Gugelhupf

Teeb 1-2 kooki
Koostisained
Samm 1
- 1¾ teelusikatäit (5 g) värsket pärmi
- 1 tass (250 ml) piima, toatemperatuur
- 3 tassi (375 g) nisujahu
- 3½ untsi. (100 g) nisujuuretise juuretis

2. samm
- 1 tass (200 ml) piima, toatemperatuur
- 3¾ tassi (450 g) nisujahu
- ½ tassi (100 g) suhkrut
- ¾ tassi (175 g) sulatatud võid, jahutatud
- 3-4 muna koor 1 sidrunist 1 kl (150 g) rosinaid tuhksuhkur kaunistuseks

Juhised
a) Lahusta pärm väheses piimas. Lisage teised koostisosad ja segage hästi. Lase taignal 1–2 tundi kerkida.
b) Lisa kõik koostisosad taignale ja sega hoolikalt. Täitke üks või kaks määritud ja jahuga ülepuistatud 11 × 7 × 1,5 tolli Bundti panni (1 ½ liitrit) poolenisti tainaga. Lase tainal kerkida, kuni see on umbes 30 protsenti suurem ehk 1 tund.
c) Küpseta 200 °C (390 °F) juures 20–30 minutit. Lase koogil enne vormist väljavõtmist jahtuda. Viimasena puista peale tuhksuhkur.
d) Segage tainas teise etapi koostisosadega ja segage hästi.
e) Täida võiga määritud ja jahuga ülepuistatud vormid poolenisti tainaga.
f) Lase küpsenud koogil enne viilutamist jahtuda.

28. Brioche

Teeb umbes 20 rulli
Koostisained
- 3½ untsi. (100 g) nisujuuretise juuretis
- 3½ tassi (450 g) nisujahu
- ⅔ tassi (75 ml) piima, toasoe 5¼ teelusikatäit (15 g) värsket pärmi
- 5 muna
- ⅓ tassi (75 g) suhkrut
- 1½ supilusikatäit (25 g) soola
- 1½ tassi (350 g) soolamata võid, pehmendatud
- 1 muna pintseldamiseks

Juhised

a) Sega juuretis poole nisujahu, piima ja pärmiga. Lase segul umbes 2 tundi kerkida.

b) Lisa kõik koostisosad peale või ja sega hoolikalt. Seejärel lisage vähehaaval või – umbes ¼ tassi (50 g) korraga. Sõtku korralikult läbi.

c) Kata rätikuga ja lase tainal umbes 30 minutit kerkida.

d) Vormi kahekümneks väikeseks siledaks kukliks. Aseta need koogivormidesse ja lase kerkida, kuni need on kahekordistunud. Määri kuklid munaga.

e) Küpseta brioche'i temperatuuril 400 °F (210 °C) umbes 10 minutit.

29. Nisu kuklid

Teeb umbes 35 kuklit
Koostisained
- 2 tassi (500 ml) piima, toatemperatuur
- 1¾ untsi. (50 g) nisu juuretisest
- 9½ tassi (1¼ kg) nisujahu
- 1 tass (200 g) võid
- ½ tassi (75 g) värsket pärmi
- ½ tassi (165 g) valget siirupit
- ½ oz. (15 g) jahvatatud kardemoni
- 1 tl (5 g) soola 1 muna pintseldamiseks pärlsuhkrut kaunistuseks

Juhised

a) Sega 1⅔ tassi (400 ml) piima juuretise ja poole jahuga. Lase kerkida umbes 1 tund.

b) Sulata või ja lase jahtuda.

c) Lahustage pärm ülejäänud piimas. Kui see on valmis, lisa kõik koostisosad esimesse tainasse ja sega korralikult läbi. Sõtku ühtlaseks.

d) Vormige tainast kolmkümmend viis kuklit ja asetage need määritud ahjuplaadile. Lase neil riide all kerkida, kuni need on kahekordistunud.

e) Pintselda kuklid lahtiklopitud munaga ja puista peale veidi pärlsuhkrut. Küpseta temperatuuril 400 °F (210 °C) umbes 10 minutit.

KÜPSID, KÜPSID, KUKKLID, RULLID JA VEEL

30. Peekoni ja juustu küpsised

1 tass pleegitamata universaalset jahu
2 tl. küpsetuspulber
½ tl. söögisooda
¼ tl. soola
⅓ tassi väga külma võid, kuubikuteks
¾ tassi hakitud Cheddari juustu
8 viilu peekonit, keedetud, jahutatud ja murendatud
1 tass aktiivset starterit

Kuumuta ahi 425°-ni. Vooderda ahjuplaat silikoonist küpsetusmati või küpsetuspaberiga; praegu kõrvale jätta.
Sega keskmises segamiskausis omavahel jahu, küpsetuspulber, sooda ja sool. Segage kondiitrilõikuri või kahvliga võid, kuni segu on jämedalt murenenud, töötades kiiresti, et või liiga soojaks ei läheks. Sega hulka juust ja peekon. Seejärel lisage ¾ tassi starterit ja segage, kuni moodustub pehme tainas, vajadusel lisage ülejäänud juuretist. Tõsta tainas jahuga ülepuistatud tööpinnale ja sõtku paar korda õrnalt läbi. Tasandage tainas käte või taignarulliga umbes 1 tolli paksuseks. Lõika see jahuse biskviidilõikuri või terava noaga 10–12 küpsiseks. Asetage küpsised ettevalmistatud küpsetusplaadile ja küpsetage 12–15 minutit või kuni need on paisunud ja kuldsed.
Teeb 10 kuni 12 küpsist

31. Bagelid

2 tassi aktiivset starterit (480 g)
2 muna, lahtiklopitud
½ tassi piima
2 T. õli
4 T. granuleeritud suhkur, jagatud
1 tl. soola
3 tassi pleegitamata universaalset jahu
Märkus: ma valmistan tavaliselt hommikul värske portsjoni eelroa ja segan taigna samal õhtul, et saaksin lasta sellel üleöö kerkida ja järgmisel päeval bagelid küpsetada.
Valage või kühveldage starter suurde segamisnõusse. Lisa munad, piim, õli, 2 supilusikatäit suhkrut ja sool ning sega. Lisa vähehaaval jahu ja sega käsitsi. Kui tainas muutub käsitsi segamise jätkamiseks liiga jäigaks, kummuta tainas jahusel tööpinnal ja sõtku ülejäänud jahu hulka, kuni tainas on ühtlane ja satiinne (umbes 8 minutit). Vajadusel võite kasutada lisajahu, et tainas ei kleepuks, kuid proovige kasutada võimalikult vähe lisajahu. Tainas on väga jäik, nii et kui teil on, võite kasutada statsionaarset mikserit; sõtku tainakonksuga 5–7 minutit.
Asetage tainas puhtasse anumasse või suurde segamisnõusse, katke kilega ja laske toatemperatuuril kerkida 8–12 tundi või üleöö.

Tõsta tainas õrnalt kausist jahuga ülepuistatud tööpinnale välja. Jagage tainas 12–15 võrdseks tükiks. Tehke oma kätega pall ja seejärel veeretage pall 6 tolli pikkuseks köieks. Vii taignanööri otsad kokku, et moodustada ring (nagu sõõrik) ja näpi otsad kokku. Asetage need tööpinnale või küpsetuspaberile. Kata köögirätikuga ja lase bagelitel 1–2 tundi toatemperatuuril kerkida või kuni need on kergelt paisunud.
Kuumuta ahi 425°-ni.
Kuumuta 4 liitrit vett keemiseni ja lisa ülejäänud 2 supilusikatäit suhkrut. Kastke bagelid keevasse vette, olge ettevaatlik, et need potti ei koguneks. Kui need pinnale kerkivad, eemalda need lusikaga, nõruta köögirätikul (või võid kasutada paberrätikut) ja aseta siis küpsetusplaadile, mis on vooderdatud võiga määritud küpsetuspaberi või silikoonist küpsetusmatiga. .
Lülitage ahi alla 375 kraadini ja asetage bagelid ahju küpsema 25–30 minutiks või kuni need on sügavalt kuldpruunid. Aseta need restile jahtuma.
Teeb 12–15 bagelit

32. Veiseliha ja köögiviljade kätepirukad

Koorik
226 g. väga külm või (2 pulka) või külm või
250 g. pleegitamata universaalne jahu
6 g. soola
3 g. granuleeritud suhkur
250 g. visake starter ära (viskamine otse külmikust sobib kõige paremini)
10 g. valge äädikas
Täitmine
½ naela veisehakkliha
2 T. pleegitamata universaalne jahu
1 T. värsket peterselli, hakitud või 1 tl. kuivatatud petersellihelbed
¾ tl. soola
1 tl. veiselihapuljongi graanulid või 1 veisepuljongikuubik
¼ tassi kuuma vett
¾ tassi kartulit, kooritud ja väikesteks kuubikuteks lõigatud
½ tassi porgandit, kooritud ja väikesteks kuubikuteks lõigatud
2 T. sibul, peeneks hakitud
1 muna, klopitakse lahti 2 T vee ja näpuotsatäie soolaga (munapesu jaoks)
Kasutades riivi suuremaid auke, tükeldage või suurde segamisnõusse. Töötle kiiresti, et või jääks võimalikult külm.
Vahusta teises kausis jahu, sool ja suhkur; lisage need koostisosad segamisnõusse ja viskage koostisosad katteks ja eraldage võitükid. Jätka kondiitrilõikuriga või tükeldamist jahusegusse, kuni see moodustab suure puru.
Lisage starter ja äädikas ning ühendage need kahvliga jahuseguga. Kui tainas hakkab koos hoidma, kasutage taigna kiireks töötlemiseks kätega, et ei jääks enam kuivi jahutükke. Kui tainas tundub liiga kuiv, võid lisada teelusikatäie või kaks väga külma vett (kui sul on jäävett).
Lõika tainas 6 võrdseks osaks; mähkige iga portsjon kilega ja asetage tainas lihatäidise valmistamise ajaks külmkappi.
Pruunista veisehakkliha pannil seni, kuni liha pole enam roosa; tühjendage rasv. Lisage jahu, petersell ja sool ning segage hästi, et

liha oleks jahuga kaetud. Lahusta puljong kuumas vees ja sega lihamassile. Segamist jätkates lisage kartul, porgand ja sibul. Katke ja küpseta keskmisel kuumusel, kuni köögiviljad on krõbedad pehmed. Tõsta pann tulelt ja lase segul jahtuda.
Kuumuta ahi 400°-ni. Vooderda ahjuplaat küpsetuspaberi või silikoonist küpsetusmatiga.
Eemaldage tainas külmkapist ja rullige iga tükk 8-tolliseks ringiks. Asetage umbes ⅓ kuhjaga tassi lihasegu igale taignaringile keskelt veidi eemale. Niisuta taigna äärt ja voldi tainas poolringiks. Suruge servad kahvliga kokku, et servad tihendada. Lõika väga terava noaga ülaosasse 1 tolli pikkune pilu. Pintselda kätepirukate tipud munapesuga.
Asetage käsipirukad ettevalmistatud ahjuplaadile ja vähendage kuumust 350 kraadini. Asetage küpsetusplaat kohe ahju ja küpsetage pirukaid 35–40 minutit või kuni pealsed on pruunid.
Teeb 6 pirukat

33. Mustika bagelid

2 tassi aktiivset starterit (480 g)
2 muna, lahtiklopitud
½ tassi piima
½ tassi mustikaid, värsked, kuivatatud, külmutatud ja sulatatud või konserveeritud ja nõrutatud
2 T. õli
4 T. granuleeritud suhkur, jagatud
1 tl. soola
3 tassi pleegitamata universaalset jahu

Märkus. Tavaliselt valmistan hommikul värske portsjoni eelrooga ja segan siis taigna samal õhtul, et saaksin lasta tainal üleöö kerkida ja järgmisel päeval bagelid küpsetada.

Valage või kühveldage starter suurde segamisnõusse. Lisa munad, piim, mustikad, õli, 2 spl suhkrut ja sool ning sega ühtlaseks. Lisa vähehaaval jahu ja sega käsitsi. Kui tainas muutub käsitsi segamise jätkamiseks liiga jäigaks, kummuta tainas jahuga ülepuistatud tööpinnale ja sõtku sisse ülejäänud jahu, kuni tainas on ühtlane ja satiinne (umbes 7 minutit). Vajadusel võite kasutada lisajahu, et tainas ei kleepuks, kuid proovige kasutada võimalikult vähe lisajahu. Tainas on väga jäik, nii et kui teil on, võite kasutada statsionaarset mikserit; sõtku taignakonksuga 5 minutit.

Asetage tainas puhtasse anumasse või suurde segamisnõusse, katke kilega ja laske toatemperatuuril kerkida 8–12 tundi või üleöö. Tõsta tainas õrnalt kausist jahuga ülepuistatud tööpinnale välja. Jagage tainas 12–15 võrdseks tükiks. Tehke oma kätega pall ja seejärel veeretage pall 6 tolli pikkuseks köieks. Vii taignanööri otsad kokku, et moodustada ring (nagu sõõrik) ja näpi otsad kokku. Asetage need tööpinnale või küpsetuspaberile. Kata köögirätikuga ja lase bagelitel 1–2 tundi toatemperatuuril kerkida või kuni need on kergelt paisunud.
Kuumuta ahi 425°-ni.
Kuumuta 4 liitrit vett keemiseni ja lisa ülejäänud 2 supilusikatäit suhkrut. Kastke bagelid keevasse vette, olge ettevaatlik, et need potti ei koguneks. Kui need pinnale kerkivad, eemalda need lusikaga, nõruta köögirätikul (või võid kasutada paberrätikut) ja aseta siis küpsetusplaadile, mis on vooderdatud võiga määritud küpsetuspaberi või silikoonist küpsetusmatiga. .
Lülitage ahi alla 375 kraadini ja asetage bagelid ahju küpsema 25–30 minutiks või kuni need on sügavalt kuldpruunid. Aseta need restile jahtuma.
Teeb 12–15 bagelit

34. Butterhorns

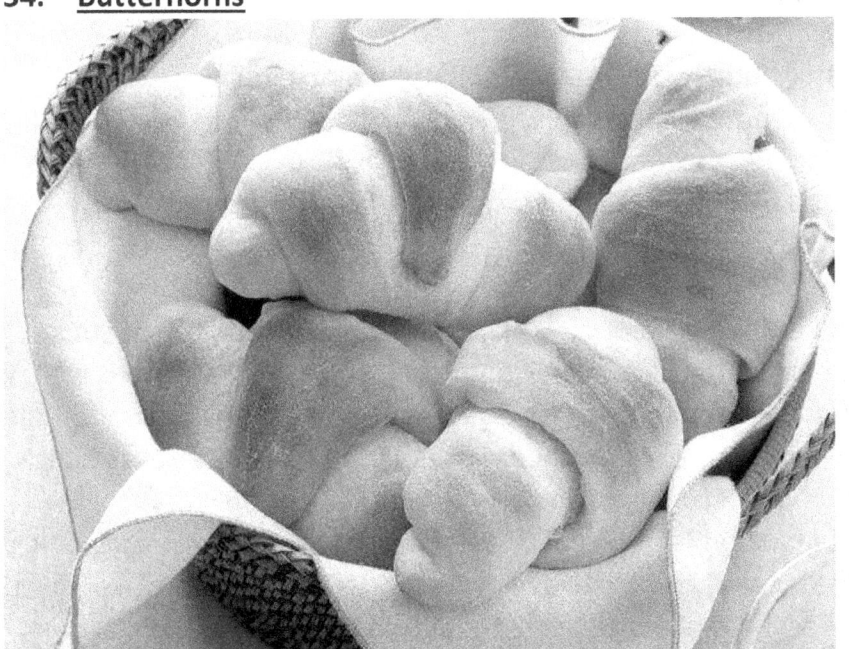

1 tass piima
½ tassi vett
½ tassi (1 pulk) võid, lisaks veel natuke pintseldamiseks
½ tassi granuleeritud suhkrut
2 tl. soola
4½ tassi pleegitamata universaaljahu, jagatud
1 tass starterit
3 muna

Sega keskmises kastrulis kokku piim, vesi, ½ tassi võid, suhkur ja sool ning kuumuta madalal kuumusel, kuni või on sulanud. Asetage segu suurde segamisnõusse ja jahutage vaevu soojaks. Lisage 2 tassi jahu ja segage. Lisage starter ja segage uuesti. Kata kauss kilega ja lase umbes 8 tundi või üleöö toatemperatuuril seista.

Lisa ülejäänud jahu nii palju, et tekiks pehme lahtine tainas, mis on veidi kleepuv. Lisa ükshaaval munad, pärast iga lisamist korralikult segades. Kata kauss ja lase 2 tundi toatemperatuuril seista.

Tõsta tainas jahuga ülepuistatud tööpinnale ja lõika 3 võrdseks osaks. Rulli iga osa paksuks ringiks, mis on veidi paksem kui pirukakoor. Pintselda iga ring sulavõiga ja lõika siis iga ring 12 viilu, nagu lõikaksid pirukat. Rullige iga kiil kokku, alustades rasvasest otsast ja rullides serva poole. Aseta rullid küpsetusplaatidele, mis on vooderdatud silikoon-küpsetusmati või küpsetuspaberiga. Kata rullid ja lase neil toatemperatuuril seista, kuni need muutuvad heledaks ja kohevaks (umbes 2 tundi).

Kuumuta ahi 350°-ni. Küpseta 15 minutit või kuni rullid on helekuldpruunid ja läbi küpsenud.

Serveeri puhtana või peale puistatud tuhksuhkruga.

Teeb 36

35. Cheddari juustu bagelid

2 tassi aktiivset starterit (480 g)
2 muna, lahtiklopitud
½ tassi piima
½ tassi teravat cheddari juustu, hakitud, pluss veel natuke peale puistamiseks
2 T. õli
3 T. granuleeritud suhkur, jagatud
1 tl. soola
3 tassi pleegitamata universaalset jahu

Märkus. Tavaliselt valmistan hommikul värske portsjoni eelrooga ja segan siis taigna samal õhtul, et saaksin lasta tainal üleöö kerkida ja järgmisel päeval bagelid küpsetada.
Valage või kühveldage starter suurde segamisnõusse. Lisa munad, piim, Cheddari juust, õli, 1 spl suhkrut ja sool ning sega ühtlaseks. Lisa vähehaaval jahu ja sega käsitsi. Kui tainas muutub käsitsi segamise jätkamiseks liiga jäigaks, kummuta tainas jahusel tööpinnal ja sõtku ülejäänud jahu hulka, kuni tainas on ühtlane ja satiinne (umbes 8 minutit). Vajadusel võite kasutada lisajahu, et tainas ei kleepuks, kuid proovige kasutada võimalikult vähe lisajahu. Tainas on väga jäik, nii et kui teil on, võite kasutada statsionaarset mikserit; sõtku tainakonksuga 5–7 minutit.
Asetage tainas puhtasse anumasse või suurde segamisnõusse, katke kilega ja laske toatemperatuuril kerkida 8–12 tundi või üleöö. Tõsta tainas õrnalt kausist jahuga ülepuistatud tööpinnale välja. Jagage tainas 12–15 võrdseks tükiks. Tehke oma kätega pall ja seejärel veeretage pall 6 tolli pikkuseks köieks. Vii taignanööri otsad kokku, et moodustada ring (nagu sõõrik) ja näpi otsad kokku. Asetage need tööpinnale või küpsetuspaberile. Kata köögirätikuga ja lase bagelitel 1–2 tundi toatemperatuuril kerkida või kuni need on kergelt paisunud.
Kuumuta ahi 425°-ni.
Kuumuta 4 liitrit vett keemiseni ja lisa ülejäänud 2 supilusikatäit suhkrut. Kastke bagelid keevasse vette, olge ettevaatlik, et need potti ei koguneks. Kui need umbes 30 sekundiga (või veidi kauem)

pinnale kerkivad, eemaldage need lusikaga, nõrutage köögirätikul (või võite kasutada paberrätikuid) ja asetage need siis eelnevalt küpsetusplaadile. vooderdatud võiga määritud küpsetuspaberiga või silikoonist küpsetusmatiga. Soovi korral puista saiakeste ülaosale väikese koguse riivitud juustu.

Lülitage ahi alla 375 kraadini ja asetage bagelid ahju küpsema 25–30 minutiks või kuni need on sügavalt kuldpruunid. Aseta need restile jahtuma.

Teeb 12–15 bagelit

36. Juustu- ja murulauguküpsised

1 tass pleegitamata universaalset jahu
2 tl. küpsetuspulber
½ tl. söögisooda
¼ tl. soola
¾ tassi hakitud teravat Cheddari juustu
½ tassi hakitud murulauku
⅓ tassi väga külma võid, kuubikuteks
1 tass aktiivset starterit

Kuumuta ahi 425°-ni. Vooderda ahjuplaat silikoonist küpsetusmati või küpsetuspaberiga; praegu kõrvale jätta.
Sega keskmises segamiskausis omavahel jahu, küpsetuspulber, sooda ja sool. Lisa juust ja murulauk. Segage kondiitrilõikuri või kahvliga võid, kuni segu on jämedalt murenenud, töötades kiiresti, et või liiga soojaks ei läheks. Seejärel lisage ¾ tassi starterit ja segage, kuni moodustub pehme tainas, vajadusel lisage ülejäänud juuretist.
Tõsta tainas jahuga ülepuistatud tööpinnale ja sõtku seda paar korda õrnalt. Tasandage tainas käte või taignarulliga umbes 1 tolli paksuseks. Lõika see jahuse biskviidilõikuri või terava noaga 10–12 küpsiseks. Asetage küpsised ettevalmistatud küpsetusplaadile ja küpsetage 14–16 minutit või kuni need on paisunud ja kuldsed.
Teeb 10 kuni 12 küpsist

37. Juust ja Jalapeño bagelid

2 tassi aktiivset starterit (480 g)
2 muna, lahtiklopitud
½ tassi piima
⅓ tassi teravat cheddari juustu, hakitud, pluss veidi rohkem peale puistamiseks
2 T. õli
3 T. granuleeritud suhkur, jagatud
1 tl. soola
¼ tassi peeneks hakitud marineeritud, röstitud või värsket jalapeño paprikat
3 tassi pleegitamata universaalset jahu

Märkus. Tavaliselt valmistan hommikul värske portsjoni eelrooga ja segan siis taigna samal õhtul, et saaksin lasta tainal üleöö kerkida ja järgmisel päeval bagelid küpsetada.

Valage või kühveldage starter suurde segamisnõusse. Lisa munad, piim, juust, õli, 1 spl suhkrut, sool ja paprika ning sega ühtlaseks. Lisa vähehaaval jahu ja sega käsitsi. Kui tainas muutub käsitsi segamise jätkamiseks liiga jäigaks, kummuta tainas jahusel tööpinnal ja sõtku ülejäänud jahu hulka, kuni tainas on ühtlane ja satiinne (umbes 8 minutit). Vajadusel võite kasutada lisajahu, et tainas ei kleepuks, kuid proovige kasutada võimalikult vähe lisajahu. Tainas on väga jäik, nii et kui teil on, võite kasutada statsionaarset mikserit; sõtku tainakonksuga 5–7 minutit.

Asetage tainas puhtasse anumasse või suurde segamisnõusse, katke kilega ja laske toatemperatuuril kerkida 8–12 tundi või üleöö. Tõsta tainas õrnalt kausist jahuga ülepuistatud tööpinnale välja. Jagage tainas 12–15 võrdseks tükiks. Tehke oma kätega pall ja seejärel veeretage pall 6 tolli pikkuseks köieks. Vii taignanööri otsad kokku, et moodustada ring (nagu sõõrik) ja näpi otsad kokku. Laota need tööpinnale või küpsetuspaberile, mis on kergelt jahuga üle puistatud. Kata köögirätikuga ja lase bagelitel 1–2 tundi toatemperatuuril kerkida või kuni need on kergelt paisunud.

Kuumuta ahi 425°-ni.

Kuumuta 4 liitrit vett keemiseni ja lisa ülejäänud 2 supilusikatäit suhkrut. Kastke bagelid keevasse vette, olge ettevaatlik, et need potti ei koguneks. Kui need umbes 30 sekundi jooksul pinnale tõusevad, eemaldage need lusikaga, nõrutage köögirätikul (või võite kasutada paberrätikuid) ja asetage need seejärel määritud küpsetuspaberiga kaetud ahjuplaadile. või silikoonist küpsetusmatti. Soovi korral puista saiakeste ülaosale väikese koguse riivitud juustu.

Lülitage ahi alla 375 kraadini ja asetage bagelid ahju küpsema 25–30 minutiks või kuni need on sügavalt kuldpruunid. Aseta need restile jahtuma.

Teeb 12–15 bagelit

38. Kaneeli rosina bagelid

2 tassi aktiivset starterit (480 g)
2 muna, lahtiklopitud
½ tassi piima
½ tassi rosinaid
2 T. õli
4 T. granuleeritud suhkur, jagatud
1 tl. soola
1 tl. jahvatatud kaneel
3 tassi pleegitamata universaalset jahu
Märkus. Tavaliselt valmistan hommikul värske portsjoni eelrooga ja segan siis taigna samal õhtul, et saaksin lasta tainal üleöö kerkida ja järgmisel päeval bagelid küpsetada.
Valage või kühveldage starter suurde segamisnõusse. Lisa munad, piim, rosinad, õli, 2 spl suhkrut, sool ja kaneel ning sega ühtlaseks. Lisa vähehaaval jahu ja sega käsitsi. Kui tainas muutub käsitsi segamise jätkamiseks liiga jäigaks, kummuta tainas jahusel tööpinnal ja sõtku ülejäänud jahu hulka, kuni tainas on ühtlane ja satiinne (umbes 8 minutit). Vajadusel võite kasutada lisajahu, et tainas ei kleepuks, kuid proovige kasutada võimalikult vähe lisajahu. Tainas on väga jäik, nii et kui teil on, võite kasutada statsionaarset mikserit; sõtku tainakonksuga 5–7 minutit.
Asetage tainas puhtasse anumasse või suurde segamisnõusse, katke kilega ja laske toatemperatuuril kerkida 8–12 tundi või üleöö.

Tõsta tainas õrnalt kausist jahuga ülepuistatud tööpinnale välja. Jagage tainas 12–15 võrdseks tükiks. Tehke oma kätega pall ja seejärel veeretage pall 6 tolli pikkuseks köieks. Vii taignanööri otsad kokku, et moodustada ring (nagu sõõrik) ja näpi otsad kokku. Asetage need tööpinnale või küpsetuspaberile. Kata köögirätikuga ja lase bagelitel 1–2 tundi toatemperatuuril kerkida või kuni need on kergelt paisunud.
Kuumuta ahi 425°-ni.
Kuumuta 4 liitrit vett keemiseni ja lisa ülejäänud 2 supilusikatäit suhkrut. Kastke bagelid keevasse vette, olge ettevaatlik, et need potti ei koguneks. Kui need pinnale kerkivad, eemalda need lusikaga,

nõruta köögirätikul (või võid kasutada paberrätikut) ja aseta siis küpsetusplaadile, mis on vooderdatud võiga määritud küpsetuspaberi või silikoonist küpsetusmatiga. .
Lülitage ahi alla 375 kraadini ja asetage bagelid ahju küpsema 25–30 minutiks või kuni need on sügavalt kuldpruunid. Aseta need restile jahtuma.
Teeb 12–15 bagelit

39. Maisileib

1 tass starterit (viskamine sobib)
1 tass petipiima
1 tass maisijahu
1 tass pleegitamata universaalset jahu
2 muna
½ tassi võid, sulatatud ja jahutatud, kuid siiski vedel
¼ tassi suhkrut
½ tl. soola
2 tl. küpsetuspulber
½ tl. söögisooda

Sega keskmises segamiskausis starter, petipiim, maisijahu ja jahu. (Võite katta kausi kilega ja panna tunniks või paariks toatemperatuurile kõrvale, et maitset edasi arendada, või jätkata kohe järgmiste sammudega.)

Kuumuta ahi 350°-ni. Määri või määri 9-tolline malmpann, küpsetusplaat või küpsetusnõu ohtralt võiga ja tõsta taigna segamise ajaks kõrvale.

Lisa jahusegule munad, või, suhkur ja sool ning sega ühtlaseks.

Lisage küpsetuspulber ja sooda ning segage uuesti.

Asetage tainas ettevalmistatud küpsetusnõusse ja siluge taigna ülaosa. Küpseta 35–40 minutit või kuni pealt on helepruun ja keskosa on läbi küpsenud. Enne viilutamist lase maisileival umbes 10 minutit jahtuda.

Serveerib 6-8

40. Õhtusöögirullid

Starter
60 g. pleegitamata universaalne jahu
60 g. vesi
24 g. starter
12 g. granuleeritud või tuhksuhkur
Õhtusöögirullid
75 g. võid
Starter tehtud eelmisel õhtul
440 g. pleegitamata universaalne jahu
180 g. vesi, toatemperatuur või kergelt leige
115 g. piim
23 g. granuleeritud või tuhksuhkur
10 g. soola
1 muna, lahtiklopitud 1 T. piimaga munade pesemiseks

Eelnev öö:
Laia suuga kvartis purgis või keskmise suurusega segamisnõus segage starteri koostisosad. Kata kilega ja jäta üleöö toatemperatuurile.

Järgmisel hommikul:
Lõika või ½-tollisteks tükkideks; pane tükid väikesesse kaussi ja tõsta esialgu kõrvale – need peavad olema toasoojad, kui kasutad.

Asetage alusmikseri kaussi starter koos kõigi rulli koostisosadega, välja arvatud või ja munapesu. Lülitage aeglasele kiirusele ja segage, kuni kuivanud jahutükikesi enam pole. Lülitage mikser keskmisele kiirusele ja jätkake segamist, kuni tainas moodustub ja hakkab külgedelt eemalduma (3 kuni 5 minutit). Tõsta tainas suurde kaussi ja kata kauss kilega. Laske tainal 30 minutit puhata ja seejärel tehke 3 venitus- ja voltimisseanssi 30-minutilise vahega, kattes kaussi seansside vahel. Hoides kaussi kaetuna, lase tainal toatemperatuuril kerkida veel 2½ tundi.

Enne vormimist pane tainas 20 minutiks külmkappi – nii on rullide vormimine lihtsam, sest tainas on väga pehme ja õhuline.

Valmistage ette 9 × 9-tolline küpsetusvorm, määrides seest ohtralt võiga või asetades pannile sobivaks lõigatud küpsetuspaberi.

Tõsta tainas ettevaatlikult jahuga ülepuistatud tööpinnale. Jagage tainas pingikaabitsa või terava noaga 16 võrdseks osaks. Vormi iga taignatükk tihedaks palliks. Asetage taignapallid ahjuvormi 4 rida risti ja 4 rida allapoole.

Kata ahjuvorm kilega ja lase rullidel umbes 3 tundi toatemperatuuril kerkida. Tainas peaks olema kerkinud umbes ahjuvormi tipuni ja olema väga pehme. Kui see pole nii, laske tainal kerkida ja kontrollige uuesti iga poole tunni järel.

Kuumuta ahi 425°-ni.

Tee munapesu ja klopi segu hästi vahuseks. Pintselda rullide tipud munapesuga ja aseta ahjuvorm ahju keskmisele restile. Küpseta 20 minutit ja seejärel keera ahi 375° alla ja jätka küpsetamist 15 kuni 20 minutit või kuni pealsed on kuldpruunid.

Võta ahjust välja ja lase rullidel 5 minutit küpsetusnõus seista, enne kui tõstad need restile edasi jahtuma.

Teeb 16 rulli

41. Inglise muffinid

½ tassi starterit visata ära
2¾ tassi pleegitamata universaaljahu, jagatud
1 tass piima
1 T. granuleeritud suhkur
1 tl. söögisooda
¾ tl. soola
Maisijahu tolmutamiseks

Segage suures segamiskausis starter ja 2 tassi jahu. Katke kilega ja asetage see toatemperatuurile 8–10 tunniks või üleöö.

Lisa ülejäänud jahu, piim, suhkur, sooda ja sool ning sega korralikult läbi. Tõsta tainas jahuga ülepuistatud tööpinnale ja sõtku ühtlaseks ja elastseks (4–5 minutit).

Rulli või patsuta tainas ½ tolli paksuseks ja lõika ingliskeelsed muffinid 3-tollise küpsise- või küpsisevormiga. Enne jääkide uuesti rullimist, et rohkem muffineid lõigata, laske tainal 10 minutit seista.

Puista küpsetusplaadile või pärgamenditükile maisijahu ja aseta plaadile muffinid. Lase muffinitel vähemalt 1 tund toatemperatuuril seista.

Määrige küpsetusplaat või pann kergelt rasvainega (malm töötab kõige paremini). Kuumuta keskmisel madalal tasemel ja seejärel küpseta inglise muffineid umbes 6 minutit mõlemalt poolt või kuni need on küpsed ja pealt kuldpruunid. Olge ettevaatlik ja hoidke kuumust piisavalt madalal, et muffinid küpseksid ilma kõrbemata. Tõsta muffinid restile või paberrätikutele täielikult jahtuma. Inglise muffinite noaga lõikamise asemel torkake kahvliga servadesse augud ja rebige need seejärel lahti.

Teeb 12 muffinit

42. Kõik bagelid

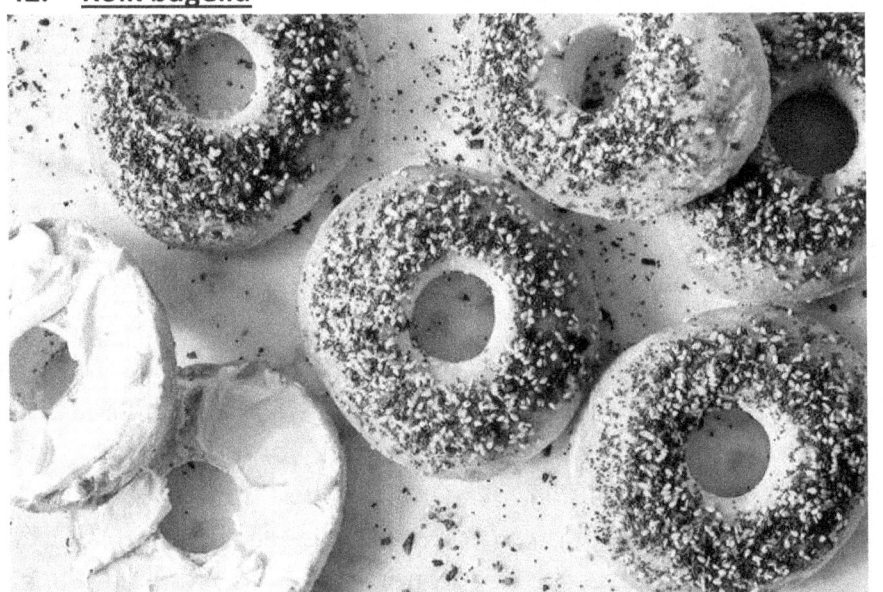

Koostisained kõigele vürtsimaitseainele:
2 T. mooniseemneid
1 T. pluss 1 tl. kuivatatud hakitud sibul
1 T. pluss 1 tl. kuivatatud hakitud küüslauk
1 T. valged seesamiseemned
1 T. mustad seesamiseemned
2 tl. jäme sool või jäme meresool
1 partii tavalisi bageleid, valmis aurutamiseks ja küpsetamiseks (vt bageli retsepti lk 66)

Kõik vürtsi maitseaine valmistamiseks segage tihedalt suletava kaanega väikeses anumas kõik koostisosad, välja arvatud bagelid. Niipea, kui bagelid on keeduveest välja võetud, asetage need silikoonist küpsetusmatile või määritud küpsetuspaberile ja puistake üle rikkalikult Kõik vürtsi maitseainega. (Seeme ja vürtsid kleepuvad bageli külge, kui need on veel märjad.) Küpseta Bagelsi retsepti juhiste järgi.
Teeb 12–15 bagelit

43. Saksa rukki- ja nisurullid

Hapukoore eelroog
150 g. rukkijahu
150 g. vesi
1 T. starter
Pärmi starter
150 g. täistera nisujahu
150 g. vesi
1,5 g. pärm (kiir- või aktiivne kuiv)
Saksa rukki- ja nisurullid
Hapukoore eelroog
Pärmi starter
450 g. täistera nisujahu
250 g. rukkijahu
18 g. soola
3 g. pärm (kiir- või aktiivne kuiv)
1 tl. odralinnasesiirup (võib asendada võrdse koguse melassi või mett)

Eelnev öö:
Segage laia suuga kvartises purgis või väikeses segamiskausis juuretise juuretise koostisosad, segades, kuni see on hästi segunenud. Katke pealmine osa kilega ja laske sellel umbes 12 tundi või üleöö toatemperatuuril seista.
Eraldi laia suuga kvartipurgis või väikeses segamiskausis segage pärmi starteri koostisosad, kuni need on hästi segunenud. Katke pealmine osa kilega ja laske sellel umbes 12 tundi või üleöö toatemperatuuril seista.
Järgmisel hommikul:
Segage suures segamiskausis kõik koostisosad. Sega käsitsi, kuni kuiva jahu tükke ei jää (või nii lähedal kui võimalik). Kata kauss kilega ja lase tainal 30 minutit toatemperatuuril seista, et jahud hüdraatuksid.
Venitage ja voltige tainast 30-minutilise intervalliga, kattes tainast iga seansi vahel vähemalt 6 korda või kuni tainas on ühtlane ja kerge.
Lõika tainas 18 võrdseks osaks ja vormi tükid batardideks (need näevad välja nagu torpeedod). Aseta rullid silikoon-küpsetusmati või küpsetuspaberiga vooderdatud ahjuplaatidele. Kata rullid köögirätikuga ja lase 45–60 minutit toatemperatuuril seista.
Kuumuta ahi 400°-ni. Vahetult enne küpsetamist lõigake iga rulli ülaosa pikuti keskelt alla. Küpseta 15 kuni 20 minutit või kuni see on kergelt pruunistunud. Võta ahjust välja ja tõsta rullid restile jahtuma. Teeb 18 rulli

44. Hamburgeri kuklid

430 g. pleegitamata universaalne jahu, jagatud
240 g. piim, veidi soe
60 g. aktiivne starter
2 muna, jagatud
2 T. granuleeritud suhkur
1 tl. aktiivne kuivpärm
1 tl. soola
3 T. võid, pehmendatud toatemperatuurini
2 tl. seesamiseemned (valikuline)

Segage taignakonksuga segistis 300 grammi jahu piima, juuretise, 1 muna ning suhkru, pärmi ja soolaga. Vahusta madalal kuni keskmisel kiirusel, kuni moodustub karvas tainas. Kata segu niiske lapiga või kilega ja lase tainal 30 minutit seista.

Sõtke tainast ikka veel taignakonksu kasutades 7–8 minutit, lisades järk-järgult ülejäänud jahu, mis on segatud võitükkidega. Tainas peaks olema pehme ja kleepuv, kuid kausi külgedelt eemalduv.

Tõsta tainas spaatli või taignakaabitsaga suurde määritud segamisnõusse. Kata kauss kilega ja lase 2–3 tundi toatemperatuuril seista või kuni tainas on umbes kahekordistunud.

Tõsta tainas jahuga ülepuistatud tööpinnale ja jaga 8 võrdseks osaks. Vormi tainast tihedad pallid, nagu vormiksid ümmargust pätsi. Asetage vormitud kuklid üksteisest tolli või suurema vahega küpsetusplaadile, mis on vooderdatud silikoon-küpsetusmati või küpsetuspaberiga. Kata kuklid niiske köögirätikuga ja lase toatemperatuuril kerkida 1½–2 tundi või kuni need on umbes kahekordistunud ja küljed puutuvad kokku.

Kuumuta ahi 375°-ni.

Klopi teine muna kokku 2 spl veega ja pintselda kuklite pealsed munapesuga. Kui kasutad, puista kuklid seesamiseemnetega. Küpseta kukleid 20–22 minutit või kuni need on kuldpruunid. Eemaldage kuklid ahjust ja asetage need enne viilutamist umbes 20 minutiks restile jahtuma. Teeb 8 kuklit

45. Hot Dogi kuklid

1 tass piima, soojendatud 100 kraadini
3 T. granuleeritud suhkur
½ tassi aktiivset starterit või ½ tassi visata pluss 1 tl. kiirpärm
400 g. leivajahu või pleegitamata universaalne jahu
2 T võid, toasoe, pluss 2 T sulavõid kuklipealsete pintseldamiseks
1 tl. soola

Sega taignakonksuga varustatud mikseri kausis piim ja suhkur, kuni suhkur on lahustunud. Lisa juuretis (ja pärm, kui kasutad) ja sega ühtlaseks. Lisa jahu ja sega madalal kiirusel kuni taigna moodustumiseni. Lisa väikeste tükkidena toasoe või ja seejärel sool; sõtku tainast keskmisel kiirusel umbes 5 minutit või kuni tainas on ühtlane.

Tõsta tainas suurde määritud segamisnõusse ja kata kauss kilega. Laske tainal toatemperatuuril umbes kahekordseks kerkida – umbes 3 tundi, kui olete kasutanud pärmi, või 8–10 tundi, kui olete kasutanud ainult juuretist.

Tõsta tainas jahuga ülepuistatud tööpinnale ja jaga 8 võrdseks osaks. Katke kilega ja laske 20-30 minutit puhata.

Vormige iga tükk umbes 6 tolli pikkuseks siledaks palgiks. Aseta kuklid küpsetusplaadile, mis on vooderdatud silikoon-küpsetusmati või küpsetuspaberiga vähemalt tolli kaugusel. Kata kuklid määritud kile või niiske köögirätikuga ja lase neil 1–2 tundi kerkida või kuni maht on umbes kahekordistunud.

Kuumuta ahi 350°-ni. Küpseta hot dogi kukleid 28–30 minutit või kuni need on kuldpruunid. Tõsta ahjust välja ja pintselda kuklid kohe sulavõiga üle. Enne viilutamist lase kuklitel täielikult jahtuda.

Teeb 8 kuklit

46. Üleöö küpsised

Starter
240 g. vesi
240 g. jahu
1 kuni 2 T. starter
Küpsised
140 g. (1 tass) pleegitamata universaalne jahu
1 T. granuleeritud suhkur
1 tl. söögisooda
½ tl. soola
120 g. (½ tassi) külma võid, lõigatud väikesteks kuubikuteks
Starter, mille tegite varem
Eelnev öö:
Sega keskmises segamiskausis kõik starteri koostisosad kokku. Kata kaanega ja lase segul öö läbi letil seista hommikuste küpsiste jaoks või kuni umbes kahekordistunud ja kihisev, kui küpsetad samal päeval (4–6 tundi).
Järgmisel hommikul:
Vahusta suures segamiskausis jahu, suhkur, söögisooda ja sool. Lõika kahvli või saumikseriga võisse, kuni segu meenutab jämedat puru. Lisa starter ja sega kahvliga läbi. Vajadusel lisa veidi jahu või piima, et tainas oleks pehme ja niiske ning vaevu kausi külgedelt eemalduma. Tõsta tainas jahuga ülepuistatud tööpinnale ja sõtku seda mitu minutit, lisades vajadusel jahu, et kleepuvus oleks minimaalne.
Rulli tainas jahuse taignarulliga umbes ½ tolli paksuseks. Lõika see jahuga puistatud küpsiselõikuri või terava noaga 2-tollisteks küpsisteks. Asetage küpsised küpsetusplaadile, kas krõbedamate külgede jaoks laiali või pehmemate küpsiste jaoks, et küljed puudutaksid. Kata küpsised ja lase neil umbes 2 tundi kerkida.
Kuumuta oma ahi 375 kraadini. Küpseta küpsiseid 20–25 minutit või kuni need on kergelt kuldsed.
Teeb umbes 8 küpsist

47. Pitsa koorik

240 g. starter
240 g. vesi
3 T. oliiviõli
360 g. jahu (üldotstarbeline on hea, kuid leivajahu teeb nätskema kooriku)
2 tl. soola

Alustage 1 või 2 päeva enne, kui plaanite pitsat süüa.
Sega keskmises segamiskausis starter, vesi ja oliiviõli. Lisage jahu ja sool ning segage hästi; tainas on pehme ja tundub kleepuv. Kata kauss kilega ja lase tainal 30 minutit seista.
Venitage ja voltige tainast pooletunniste intervallidega kokku 4 korda, kattes kaussi iga korra järel. Kata tainas kaanega ja lase 4 tundi toatemperatuuril seista.
Tõsta tainas jahuga ülepuistatud tööpinnale ja jaga 3 võrdseks osaks. Vormige tainast pallid ja asetage need 3 hästi õlitatud mahutisse, mille suurus on umbes poolliitrine. Katke anumad (antud juhul on kaaned korras või kasutage kummipaeladega all hoidvat kilet) ja jahutage tainas üleöö. Võid hoida tainast enne kasutamist umbes 5 päeva külmkapis või mitme kihina kilekilesse pakituna sügavkülmas kuni kuuks ajaks.
Kui olete küpsetamiseks valmis, eemaldage tainas külmkapist ja kummuta see jahusel tööpinnal. Kata tainas rätikuga ja lase 30 minutit seista. Tasandage kätega õrnalt ja venitage tainas umbes 10 tolli läbimõõduga õhukeseks ringiks. Kui tainas vetsutab liigselt tagasi, katke see kinni ja laske veel 15 minutit puhata ning proovige siis uuesti. Lisage koorikule soovitud lisandid.
Kuumuta ahi 450–500 kraadini. Küpseta pitsat 8–10 minutit või kuni see on valmis.
Teeb 3 pitsakoort

48. Kringlid

1½ tassi starterit (viskamine on hea kasutada)
1 tass piima, veidi soe
2 T. võid, pehme
1 T. granuleeritud suhkur
4 tassi pleegitamata universaalset jahu
1 T. söögisoodat
1 muna lahtiklopitud 1 T. veega topside pintseldamiseks
2 tl. jäme sool puistamiseks
Segage taignakinnitusega mikseri kausis madalaimal kiirusel starter, piim, või ja suhkur. Lisa jahu ja sega madalal kiirusel 5 minutit. Määri suur segamiskauss rasvainega ja kraabi tainas seismikserist segamisnõusse välja. Kata kilega ja lase 2 tundi toatemperatuuril seista.

Tõsta tainas jahuga ülepuistatud tööpinnale ja sõtku seda õrnalt umbes 3 minutit. Lõika või rebi tainas 12 võrdseks tükiks. Rulli iga taignatükk umbes 1 tolli paksuseks pikaks köieks. Vormi iga tükk kringli kujuliseks ja seejärel aseta kringlid ahjuplaatidele, mis on vooderdatud silikoonist küpsetusmati või küpsetuspaberiga; sügavkülma 25 minutit.
Kuumuta ahi 450°-ni.
Sel ajal, kui kringlid on sügavkülmas, täitke suur pott veega ja segage lahustamiseks söögisoodat. Kuumuta vesi tugeva keemiseni. Eemaldage kringlid sügavkülmast ja asetage need keevasse vette, jälgides, et need ei tungleks, ja keetke 30 sekundit. Eemaldage kringlid lusikaga ja asetage need tagasi ettevalmistatud ahjuplaatidele. Pintselda kringlid munapesuga ja puista üle jämeda soolaga.
Küpseta 15 kuni 18 minutit või kuni hele kuldpruunini. Tõsta kringlid restile jahtuma.
Teeb 12 kringlit

49. Kiired küpsised

1 tass pleegitamata universaaljahu või leivajahu
2 tl. küpsetuspulber
½ tl. soola
½ tl. söögisooda
6 T. väga külm või, lõigatud väikesteks kuubikuteks
1 tass starterit (viskamine sobib)
Kuumuta ahi 425°-ni.

Sega keskmises segamiskausis omavahel jahu, küpsetuspulber, sool ja sooda. Lõika või jahusegusse kahvli või kondiitrilõikuri abil, kuni segu näeb välja nagu jäme puru. Lisa juuretis ja sega lusikaga, kuni jahu on enamjaolt segunenud. Sõtku tainast kausis kätega umbes minut aega, kuni tainas kokku tuleb.

Tõsta tainas jahuga ülepuistatud tööpinnale ja rulli või patsuta siis ¾ tolli paksuseks. Tükelda küpsised jahuse biskviidilõikuri või terava noaga. Koguge jäägid kokku, rullige need uuesti lahti ja lõigake rohkem küpsiseid, et saada võimalikult palju. (Tavaliselt saan lõpus väiksema, valesti vormitud biskviidi, kuid see maitseb sama hästi kui ilusad!)

Asetage küpsised määrimata ahjuplaadile, kas krõbedamate külgede jaoks laiali või pehmemate küpsiste jaoks nii, et küljed puudutaksid.

Küpseta 12 kuni 15 minutit või kuni valmis. (Kui küpsised puutuvad kokku, võib nende täielikuks küpsemiseks kuluda veel mõni minut.)

Teeb umbes 8 küpsist

50. Kiired petipiimaküpsised

2 tassi pleegitamata universaalset jahu
2 tl. granuleeritud suhkur
2 tl. küpsetuspulber
1 tl. soola
¾ tl. söögisooda
½ tassi (1 pulk) väga külma võid
1 tass aktiivset starterit
½ tassi petipiima

Kuumuta ahi 425°-ni. Vooderda küpsetusplaat silikoonist küpsetusmati või küpsetuspaberiga ja tõsta esialgu kõrvale.
Vahusta suures segamiskausis jahu, suhkur, küpsetuspulber, sool ja sooda. Lõika või väga väikesteks tükkideks või tükeldage riivi suurte aukude abil. Lisa jahusegule ja sega läbi, et võitükid seguneksid.
Sega keskmises segamiskausis starter ja petipiim. Lisa starterisegu jahusegule ja sega (kummist spaatliga sobib hästi, sest saad kausi küljed töötamise käigus puhtaks), kuni hakkab moodustuma pehme tainas. Tõsta tainas kergelt jahuga ülepuistatud tööpinnale ja sõtku seda mitu korda, kuni see kokku tuleb.
Rulli või patsuta tainas umbes 1½ tolli paksuseks. Lõika see 2-tollise küpsiselõikuri või terava noaga 8–10 küpsiseks. Asetage küpsised määrimata küpsetusplaadile, kas krõbedamate külgede jaoks laiali või pehmemate küpsiste jaoks, et küljed puudutaksid.
Küpseta 12 kuni 15 minutit või kuni valmis. (Kui küpsised puutuvad kokku, võib nende täielikuks küpsemiseks kuluda veel mõni minut.)
Teeb 8-10 küpsist

51. Rustikaalne lehtleib

2 tassi pleegitamata universaalset jahu
1 tl. soola
1 tl. küpsetuspulber
1 tass starterit ära visata
½ tassi piima
1 T. oliiviõli, lisaks veel toiduvalmistamiseks ja vormileiva pintseldamiseks
Lisandid teie valikul (valikuline)

Vahusta suures segamiskausis jahu, sool ja küpsetuspulber. Lisage starter, piim ja 1 spl oliiviõli ning segage suure lusikaga, kuni tainas hakkab moodustuma. (Ma kasutan käsi pärast lusikaga veidi segamist.)
Tõsta tainas jahuga ülepuistatud tööpinnale ja sõtku õrnalt või venita ja voldi mitu minutit, lisades vajadusel jahu, kuni tainas on ühtlane ega ole enam kleepuv. Mähi taignapall kilesse ja lase 30 minutit toatemperatuuril seista.
Kuumuta malmpann keskmisel-kõrgel kuumusel.
Lõika tainas 6 võrdseks osaks ja rulli iga tükk umbes ¼ tolli paksuseks. Pintselda ühte vormileiva külge kergelt oliiviõliga ja aseta see kuumutatud pannile, õlitatud pool allpool. Prae vormileiba umbes poolteist minutit; pintselda vormileiva pealmine külg õliga ja keera siis ümber, et teine pool umbes 1 minut praadida. Prae kõik tükid samamoodi läbi, ladudes lapileivad kahekordse köögirätikuga kaetud taldrikule, et hoida soojas.
Need vormileivad maitsevad suurepäraselt, kuid kui keerate need teise poole küpsetamiseks ümber, võite puistata mis tahes lisanditele, mida soovite. Mõned head valikud on jäme sool, hakitud küüslauk ja/või sibul, peeneks hakitud kõva juust ja värsked tükeldatud või kuivatatud ürdid.
Teeb 6

52. Salvei krutoonid

6 viilu juuretisega leiba, kuubikuteks
4 T. oliiviõli
4 T. võid, sulatatud
4 T. hakitud värsket salvei

Asetage leivakuubikud väikesesse kaussi; nirista peale õli, sulatatud võid ja salvei. Viska need katteks. Küpseta saiakuubikuid pliidiplaadil keskmisel kuumusel kuldpruuniks, segades neid igast küljest küpsetamiseks (6–8 minutit).

Kogused varieeruvad olenevalt viilude suurusest, kuid tavaliselt tuleb mul umbes 6 tassi.

53. Aeglase kasvuga rukkibagelid

Starter
1 tass pleegitamata universaal- või leivajahu
1 tass vett
½ tassi aktiivset starterit
½ tassi rukkijahu
Bagelid
2 tassi rukkijahu
1 T. odralinnasesiirup või võite asendada sama koguse mett, melassi või pruuni suhkrut
2 tl. köömne seemned
1 tl. soola
1 T söögisoodat (teisel päeval aurutamiseks)
1 T. pruuni suhkrut (teisel päeval aurutamiseks)
Eelnev öö:
Õhtul segage suures segamiskausis kõik eelroa koostisosad, katke kauss kilega ja asetage see ööseks letile.
Järgmisel hommikul:
Lisa aktiivset juuretist sisaldavasse kaussi kõik bageli koostisosad ja sega nii hästi kui saad. Kata kauss kaanega ja lase tainal 30 minutit seista (see on pulstunud ega ole väga ühtlane). Pärast puhkeaega kummuta tainas jahuga ülepuistatud tööpinnale ja sõtku seda 10 minutit – võid sõtkuda traditsioonilisel viisil või järjest venitada ja voltida ettenähtud aja. Vajadusel lisa sõtkumise ajal veel rukkijahu. (See saab olema raske töö!)
Kata tainas lõdvalt kilega, jättes taignale palju ruumi paisumiseks, ja lase seista toatemperatuuril 8–12 tundi või kuni see on umbes kahekordistunud.
Tõsta tainas kergelt jahuga ülepuistatud tööpinnale ja lõika 16 võrdseks osaks. Kata portsjonid kaanega ja lase neil 30 minutit toatemperatuuril seista, et tainas veidi lõdvestuks. Rullige iga taignatükk kätega 6-tolliseks köieks ja seejärel vormige taignast ring, näpistage otsad kokku, et moodustada sõõriku kuju. Asetage bagelid vähemalt ühe tolli kaugusel üksteisest suurele küpsetusplaadile, mis on vooderdatud silikoonplaadi või määritud

küpsetuspaberiga. Kata need kilega ja lase 1 tund toatemperatuuril kerkida. Tõsta bagelid veel kaetult üle öö külmkappi.

Hommikul võta bagelid külmkapist välja ja lase neil toatemperatuuril puhata vähemalt tund või kuni need on toasoojad. Kuumuta ahi 425°-ni. Valmistage ette suur küpsetusplaat (võib-olla peate kasutama 2 küpsetusplaati), vooderdades silikoonist küpsetusmati või küpsetuspaberiga.

Täida suur pott veega ja lisa 1 supilusikatäis söögisoodat ja pruuni suhkrut; segada kuni lahustumiseni. Aja vesi tugevalt keema.

Lisage bagelid keevasse vette, jälgides, et need ei tungleks. Keeda 20 sekundit, keera ümber ja keeda teist poolt umbes 15 sekundit. Eemaldage need lusikaga ja asetage need puhtale köögirätikule. Kui kõik bagelid on aurutatud, asetage need tagasi küpsetusplaadile ja küpsetage 20–30 minutit või kuni need on pealt kuldpruunid ja valmis. Aseta need restile jahtuma.

Teeb 12 bagelit

54. Nisu bagelid

2½ kuni 3 tassi pleegitamata universaalset jahu
1 tass aktiivset starterit
1 tass täistera nisujahu
1 tass vett
3 T. pruun suhkur, jagatud
2 tl. soola
1½ tl. kiirpärm
1 muna, klopitud kokku 2 T. veega bagelitele pintseldamiseks
Segage suures segamiskausis 2½ tassi universaalset jahu starteriga, täistera nisujahu, vesi, 2 supilusikatäit pruuni suhkrut ning sool ja pärm. Tõsta tainas jahusel tööpinnale ja sõtku seda umbes 5 minutit, lisades ülejäänud jahu vastavalt vajadusele, kuid kasutades võimalikult vähe.
Asetage tainas suurde määritud kaussi ja katke kauss kilega. Lase taignal 30 minutit toatemperatuuril kerkida.
Tõsta tainas kergelt jahuga ülepuistatud tööpinnale ja lõika 12 võrdseks osaks. Rullige iga taignatükk kätega 6-tolliseks köieks ja seejärel vormige taignast ring, näpistage otsad kokku, et moodustada sõõriku kuju. Laota bagelid silikoonist ahjuplaadile või määritud küpsetuspaberile. Kata bagelid kilega ja lase neil 1 tund toatemperatuuril kerkida.
Kuumuta ahi 425°-ni. Vooderda suur küpsetusplaat silikoonist küpsetusmati või küpsetuspaberiga. Jäta praegu kõrvale.
Täida suur pott veega ja sega juurde ülejäänud supilusikatäis pruuni suhkrut; lase vesi tugevalt keema.
Kastke bagelid, paar korraga, keevasse vette, olge ettevaatlik, et neid ei koguneks. Keeda neid umbes 20 sekundit ja seejärel keerake ümber (kasutage lusikat), et teine pool veel 15–20 sekundit keeda. Eemaldage bagelid ja asetage need ettevalmistatud küpsetusplaadile. Pintselda kuklite pealsed pealt munapesuga ja küpseta neid 25 minutit või kuni pealt on pruunistunud. Aseta restile jahtuma.
Teeb 12 bagelit

55. Nisu pizza koorik

1½ tassi aktiivset starterit
¾ tassi täistera nisujahu
¾ tassi pleegitamata universaal- või leivajahu
2 T. taimeõli
1 T. mesi
1 tl. soola
1 kuhjaga tl. kuivatatud pune lehed
1 kuhjaga tl. kuivatatud basiiliku lehed
¼ tl. küüslaugupulber
¼ tl. sibula pulber
¼ tassi vett, enam-vähem

Sega suures segamiskausis starter, jahud, õli, mesi, sool, ürdid ja vürtsid. Lisage vesi, väike kogus korraga ja segage samal ajal, lisades täpselt nii palju vett, et ei jääks kuiva jahutükki. Sõtku tainapalli minut või paar, kata kauss kile või niiske köögirätikuga ja lase 2–3 tundi toatemperatuuril seista.

Kuumuta ahi 450°-ni. Lõika küpsetuspaberist tükk, mis on veidi suurem kui pitsa või küpsetuskivi või malmpannil, mida kavatsete kooriku küpsetamiseks kasutada, ja pange praegu kõrvale. Asetage küpsetusplaat ahju alumisele restile ja seejärel asetage pitsakivi või malmpann ahju keskmisele restile eelkuumutamiseks.

Määri küpsetuspaber kergelt jahuga. Jahutage tainas kergelt jahuga ja seejärel rullige või patsutage tainas küpsetuspaberiga sobivaks. Torka kahvliga tainasse augud ja lase siis 15 minutit toatemperatuuril seista.

Tõsta koorik (ikka küpsetuspaberil) eelsoojendatud pitsakivile või pannile ja küpseta 8 minutit. Võta ahjust välja ja lisa meelepärased lisandid. Pange pitsa tagasi ahju ja küpsetage veel 12–15 minutit või kuni see on valmis.

Teeb 1 suure pitsapõhja

HOMMIKUSÖÖKIMAD

56. Apple Fritters

3 tassi tükeldatud õunu, kooritud või koorega
1 tass starterit (viskamine sobib)
½ tl. jahvatatud kaneel
¼ tl. soola
¼ tl. söögisooda
Õli praadimiseks
Puistamiseks kaneelisuhkur (valikuline)

Asetage kuubikuteks lõigatud õunad suurde segamisnõusse. Lisage starter aeglaselt segades, kuni see on segunenud. (Soovite, et õunatükid oleksid hästi eelroaga kaetud, nii et selle saavutamiseks peate võib-olla lisama veidi rohkem juuretist – see aitab fritüürid praadimisel koos hoida.)

Vahusta kaneel, sool ja söögisooda ning sega õrnalt õunte hulka. Lase segul seista, kuni kuumutad õli praadimiseks.

Valage umbes 2 tolli õli raskesse malmist sügavale pannile ja kuumutage temperatuurini 360–370 °. Valage fritüüri tainas kuuma õli sisse, olge ettevaatlik, et neid ei tungleks. Prae 2–3 minutit mõlemalt poolt või kuni kuldpruunini. Asetage fritüürid lusikaga paberrätikutele nõrguma. Kasutamisel puista üle kaneelisuhkruga ja serveeri.

Teeb umbes 20 väikest või 12 suurt fritüüri

57. Apple Fritters on Fly

Ülejäänud starter (¼ tassi väikese partii jaoks kuni 1 tass või rohkem perele)
2 kuni 4 õuna, seemnetest puhastatud, kooritud ja kuubikuteks lõigatud
¼ kuni ½ tl. kaneeli
⅛ kuni ¼ tl. söögisooda
⅛ tl. soola
2–4 T granuleeritud suhkrut (valikuline)
Märkus. Pärast uue partii värskendamist pole vaja järelejäänud starterit ära visata. Selle asemel proovige seda retsepti. Saate koguseid "silmutada", sest selle lihtsa retseptiga ei saa midagi valesti minna.
Segage kõik koostisosad hästi segunemiseni, lisades maitse järgi suhkrut, kui eelistate magusamaid fritüüri. Kuumutage malmpannil (kui teil on) või muul sobival pannil umbes ½ tolli õli. Kasutage kõrge suitsupunktiga õli, nagu avokaadoõli või ghee (kuigi ma kasutan sageli searasva või taimeõli ja panni hoolikalt jälgides pole probleeme). Tõsta kuuma õlisse supilusikatäis või kaks tainast fritüüri kohta ja küpseta ühelt poolt umbes 3 minutit; keerake ja küpseta teist poolt 2–3 minutit või kuni see on valmis. Puhastage fritüürid paberrätikutele ja sööge neid puhtana või vahtrasiirupi, kaneelisuhkru või tuhksuhkruga peal. Või valmistage tuhksuhkru ja piimaga glasuur, lisades piima väikestes kogustes ja seejärel segades, kuni saavutate soovitud konsistentsi.
Summad varieeruvad olenevalt sellest, kui palju starterit alles on

58. Õunapannkoogid

180 g. piim
120 g. pleegitamata universaalne jahu
225 g. starter
14 g. või, sulatatud ja veidi jahutatud
14 g. küpsetuspulber
13 g. granuleeritud suhkur (kasutage natuke rohkem, kui õun on hapukas)
6 g. soola
5 g. jahvatatud kaneel
1 õun, kooritud, südamik, lõigatud kaheksandikuteks ja õhukesteks viiludeks risti

Segage keskmises segamiskausis piim ja jahu; lase 20 minutit toatemperatuuril seista.
Lisa ülejäänud koostisosad ja sega korralikult läbi. Voldi sisse õunaviilud.
Valage ¼ tassi tainast pannkoogi kohta kuumutatud ja võiga määritud pannile või pannile ning küpseta umbes 3 minutit; pööra pannkoogid ümber ja küpseta teist poolt kuni valmis (umbes 2 minutit).
Pannkookide arv varieerub sõltuvalt üksikute pannkookide suurusest

59. Peekoni hommikusöögi pajaroog

4–5 tassi juuretisega leiba, lõigatud 1-tollisteks kuubikuteks
8 muna
1¼ tassi piima
1 tass hakitud Cheddari juustu
½ tl. soola
½ tl. pipar
2 T hakitud rohelist sibulat (valikuline)
12 viilu peekonit, keedetud ja murendatud
Eelnev öö:
Määri või määri 9 × 13-tolline küpsetusvorm. Laota saiakuubikud ühtlaselt põhja.
Vahusta suures segamiskausis munad; lisa piim, juust, sool, pipar ja roheline sibul (kui kasutad) ning sega läbi. Lisa peekon ja sega uuesti, kuni see on hästi segunenud. Valage munasegu ahjuvormi saiakuubikutele ning segage ja suruge segu ettevaatlikult, et munad tungiksid ahjuvormi põhja ja kõik koostisosad oleksid täielikult segunenud. Kata pajaroog alumiiniumfooliumiga ja hoia üleöö külmkapis. (Kui valmistate selle samal hommikul, kui plaanite seda süüa, laske vormil enne küpsetamist umbes 45 minutit toatemperatuuril seista.)
Järgmisel hommikul:
Kuumuta ahi 350°-ni. Küpseta pajarooga 30 minutit, seejärel eemalda alumiiniumfoolium ja jätka küpsetamist veel 25–35 minutit või kuni keskele torgatud nuga tuleb puhtana välja. Enne serveerimist jahuta 5 minutit.
Serveerib 8

60. Mustika pannkoogid

1½ tassi starterit (viskamine sobib)
1 tass piima (kui teil on aega toasoe)
2 muna (kui aega on, toasoe)
¼ tassi võid, sulatatud ja veidi jahutatud
1 tl. vanilje ekstrakti
1½ tassi pleegitamata universaalset jahu
1 tl. söögisooda
1 tl. küpsetuspulber
½ tl. soola
1 pt. mustikad (võid kasutada värskeid, konserveeritud ja nõrutatud või külmutatud marju, mis on sulatatud ja nõrutatud)

Vahusta suures segamiskausis starter, piim, munad, või ja vaniljeekstrakt. Sega kuivained ükshaaval, kuni need on hästi segunenud. Murra õrnalt sisse mustikad.

Valage ¼ tassi tainast pannkoogi kohta kuumutatud ja määritud pannile või pannile ning küpseta umbes 3 minutit; pööra pannkoogid ümber ja küpseta teist poolt kuni valmis (umbes 2 minutit).

Pannkookide arv oleneb üksikute pannkookide suurusest, kuid sellest retseptist piisab perele

61. Mustika vahvlid

2 tassi aktiivset starterit
1 tass värskeid mustikaid
2 muna, munakollased eraldatud
2 T. võid, sulatatud ja veidi jahutatud
2 tl. granuleeritud suhkur
1 tl. soola
½ kuni 1 tassi pleegitamata universaalset jahu
½ tl. söögisoodat lahustatuna 1 T. vees

Sega keskmises kausis starter, mustikad, munakollased, või, suhkur ja sool, kuni need on hästi segunenud. Lisa vähehaaval jahu, kuni saadakse paks, kuid valatav konsistents ja tainas on tükkideta.
Vahusta munavalged pehmeks vahuks ja sega siis ettevaatlikult taigna hulka.
Vahetult enne küpsetamist sega õrnalt sisse lahustunud söögisoodat.
Küpseta vahvleid vastavalt vahvliraua juhistele. Määri vahvlid või ja siirupiga või tuhksuhkruga.
Teeb 4 kuni 6 vahvlit

62. Brunch pajaroog

Või määrimiseks
6 viilu juuretisega leiba, enam-vähem (vajate 4–5 tassi)
1 nael lahtiselt sealihavorst, keedetud täpselt nii palju, et roosa välja tuleks, ja seejärel nõrutatud
2 tassi cheddari juustu, tükeldatud
½ punast paprikat, lõigatud väikesteks tükkideks
¼ tassi hakitud rohelist sibulat
3 muna, lahtiklopitud
1 purk sparglisuppi kondenseeritud kreemjas
2 tassi piima
¼ tassi kanapuljongit või valget veini
½ tl. Dijoni sinep
¼ tl. jahvatatud musta pipart
Eelnev öö:
Määri leib võiga ja lõika kuubikuteks; asetage määritud või võiga määritud 9 × 13-tollisse küpsetusnõusse. Puista leiba vorsti, juustu, paprika ja rohelise sibulaga.
Sega keskmises segamiskausis kokku munad, supp, piim, puljong või vein, sinep ja pipar. Vala peale saiasegu. Kata küpsetusvorm kilega ja hoia üleöö külmkapis.
Järgmisel päeval:
Eemaldage pajaroog külmkapist 30 minutit enne küpsetamist. Kuumuta ahi 350°-ni. Avage pajaroog ja küpsetage seda 45–55 minutit või kuni keskele torgatud nuga tuleb puhtana välja.
Enne lõikamist laske 5 minutit seista.
Serveerib 8

63. Tatrapannkoogid

1 tass pleegitamata universaalset jahu
1 tass tatrajahu
2 T. granuleeritud suhkur
2 tl. küpsetuspulber
1 tl. söögisooda
½ tl. soola
1½ tassi piima
1 tass hiljuti söödetud starterit
1 muna, lahtiklopitud
2 T. õli

Vahusta suures segamiskausis jahud, suhkur, küpsetuspulber, sooda ja sool. Lisa piim, starter, muna ja õli ning sega õrnalt ühtlaseks. Kui tainas tundub liiga paks, võid selle lahjendamiseks lisada väikese koguse piima või vett.

Valage kuumutatud ja määritud pannile või pannile mitte rohkem kui ¼ tassi tainast pannkoogi kohta ja küpseta umbes 3 minutit; pööra pannkoogid ümber ja küpseta teist poolt kuni valmis (umbes 2 minutit).

Serveeri või, siirupi või moosiga.

Pannkookide arv oleneb üksikute pannkookide suurusest, kuid sellest retseptist piisab perele

64. Petipiima pannkoogid

2 tassi universaalset jahu
2 T. granuleeritud suhkur
1½ tl. küpsetuspulber
½ tl. söögisooda
½ tl. soola
1⅓ tassi petipiima
1 tass hiljuti söödetud starterit
1 muna, lahtiklopitud
2 T. taimeõli

Vahusta segamiskausis jahu, suhkur, küpsetuspulber, sooda ja sool. Lisa ülejäänud koostisosad ja sega õrnalt läbi.

Valage ¼ tassi tainast pannkoogi kohta kuumutatud ja määritud pannile või pannile ning küpseta umbes 3 minutit; pööra pannkoogid ümber ja küpseta teist poolt kuni valmis (umbes 2 minutit).

Pannkookide arv oleneb üksikute pannkookide suurusest, kuid sellest retseptist piisab perele

65. Kaneelirullid

Tainas
160 g. piim
115 g. või, sulatatud
1 muna
100 g. aktiivne starter
24 g. granuleeritud suhkur
360 g. pleegitamata universaalne jahu
5 g. soola
Kaneeli täidis
2 T. võid
½ tassi granuleeritud suhkrut
1 T. jahu
3 tl. jahvatatud kaneel
Glasuur
2 T. võid, pehmendatud toatemperatuurini
½ tassi vahustatud toorjuustu, toasoe
½ tassi tuhksuhkrut
1 kuni 2 T. piima vastavalt vajadusele
Eelnev öö:
Vahusta väikeses segamiskausis piim ja või; lase segul veidi jahedaks jahtuda. Segage segisti ja tavaliste visplitega muna, starter ja granuleeritud suhkur; sega hästi segunemiseks. Kui mikser töötab, lisage aeglaselt piimasegu, segades kogu aeg. Lisage vähehaaval jahu ja sool, jätkates segamist umbes 2 minutit, kraapides segamise ajal külgi alla. Kata kauss niiske köögirätikuga ja lase tainal 30 minutit seista.
Kinnitage taignakonks mikseri külge ja sõtke tainast keskmisel-madalal kiirusel 6–8 minutit. Kui tainas on väga kleepuv ega tõmbu külgedelt lahti, lisa veel veidi jahu.
Määri või või määri keskmine segamiskauss ja tõsta tainas kaussi. Kata kauss kilega ja lase tainal 30 minutit toatemperatuuril seista. Tehke 2 venitus- ja voltimisseanssi 30-minutilise vahega, kattes kaussi iga seansi vahel. Kata kauss kilega ja lase tainal üleöö toatemperatuuril kerkida.
Järgmisel hommikul:

Vooderda 9-tolline koogivorm küpsetuspaberiga ja piserda kergelt paberile. Jäta praegu kõrvale.

Määrige ja seejärel jahu oma tööpind; muutke ettevalmistatud ala piisavalt suureks, et rullida tainas 12 × 16-tolliseks ristkülikuks. Keera tainas ettevaatlikult ettevalmistatud tööpinna keskele. Laske tainal umbes 15 minutit puhata, et tainas lõdvestuda. See puhkeaeg võimaldab taigna lahti rullida. Taigna 12 × 16-tolliseks ristkülikuks rullimiseks määrige esmalt jahuga nii taigna pind kui ka taignarull.

Kui tainas on lahtirullimise vastu ja põrkub tagasi, laske sellel veel umbes 5 minutit puhata ja seejärel rullige uuesti lahti.

Kui tainas on lahti rullitud, valmista kaneelitäidis, sulatades või ja lastes sellel veidi jahtuda. Kuni sulavõi jahtub, sega teises väikeses kausis ülejäänud kaneelitäidise ained.

Pintselda taigna pinnale sulavõi; puista taigna pind kaneelisuhkru seguga, jättes ½ tolli servadest vabaks kaneelisuhkrust.

Rullige tainas tihedaks palgiks (võib-olla peate käsi jahu või õliga määrima, kui tainas on väga kleepuv), liikudes ühest 16-tollisest küljest teisele 16-tollisele küljele. Kui palgi rullimine on lõpetatud, veendu, et õmbluse pool oleks all (tööpinnal). Lõika palk 8 tükiks, umbes 2 tolli paksuseks, ja tõsta need ettevalmistatud koogivormi. Kata köögirätikuga ja lase neil kerkida kuni kergelt paisub, umbes 2 tundi.

Kuumuta ahi 350°-ni.

Küpseta kaneelirulle 30–40 minutit või kuni ülaosa on helekuldpruun. Lase kaneelirullidel 15 minutit pannil puhata, enne kui tõstad need veel küpsetuspaberil restile jahtumise jätkamiseks.

Kuni kaneelirullid jahtuvad, sega glasuuri komponendid; ühtlasema glasuuri saamiseks kasuta elektrimikserit ja lisa vähehaaval piima, kuni saad määrimiseks soovitud konsistentsi. Kui kaneelirullid on jahtunud, määri pealt glasuur.

Teeb 8 rulli

66. Hollandi beebi

Starter
160 g. vesi
160 g. jahu
1 kuni 2 T. starter
Hollandi beebi
6 T. võid
320 g. starter (tehtud eelmisel õhtul)
6 muna, lahtiklopitud
⅓ tassi piima
½ tl. soola
Eelnev öö:
Sega suures segamiskausis kõik starteri koostisosad. Kata kauss ja tõsta kauss üleöö lauale kerkima.
Järgmisel hommikul:
Kuumuta ahi 425°-ni. Asetage või suurde malmist sügavale pannile või Hollandi ahju. Asetage pann ahju või sulama, jälgides, et või sulaks, kuid ei kõrbeks.
Kuni või sulab ja ahi eelsoojeneb, lisage juuretist sisaldavasse suurde kaussi munad, piim ja sool. Sega, kuni tainas on väga ühtlane.
Kasutage ahjukindaid, eemaldage pann ahjust ja kallutage panni nii, et seest oleks kaetud. Vala tainas pannile ja pane tagasi ahju.
Küpseta 15–20 minutit või seni, kuni Hollandi beebi on pealt kuldpruun ja panni küljed on paisunud.
Lõika hollandi beebi nagu pirukat. Serveeri viilud tavalisel kujul või vähese või, tuhksuhkru, vahtrasiirupi või värskete marjadega.
Serveerib 4-6

67. Kuum teravili

2 tassi starterit
1½ tassi vett
¼ tl. soola
Keskmises kastrulis segage starter, vesi ja sool. Lase keema tõusta, aeg-ajalt segades, et põhi ei kõrbeks. Alandage temperatuur madalale kuumusele ja jätkake küpsetamist veel paar minutit või kuni see on veidi paksenenud. Serveeri veidi piima, või ja maitse järgi suhkruga.
Teeb umbes 4 portsjonit

68. Kerged ja õhulised vahvlid

2 tassi aktiivset starterit
2 muna, munakollased eraldatud
¼ tassi piima
2 T. võid, sulatatud ja veidi jahutatud
1 T. granuleeritud suhkur
1 tl. soola
½ kuni 1 tassi pleegitamata universaalset jahu

Sega keskmises segamiskausis starter, munakollased, piim, või, suhkur ja sool. Lisage vähehaaval piisavalt jahu, et saada valatav, kuid paks tainas, ja segage hästi, et tainas ei jääks enam tükke. Kata kauss ja lase 1½ tundi toatemperatuuril seista.

Vahusta munavalged pehmeks vahuks ja sega siis ettevaatlikult taigna hulka.

Küpseta vahvleid vastavalt vahvliraua juhistele. Määri vahvlid või, siirupi, moosi või puuviljade ja magustatud vahukoorega.

Teeb umbes 6 vahvlit

69. Kaerajahu pannkoogid

1 tass starterit (viskamine sobib)
1 tass valtsitud kaerahelbeid (vanaaegne kuumtöötlemata kaerahelbed)
1 tass piima
1 muna, lahtiklopitud
2 T. võid, sulatatud, pluss veel võid või õli toiduvalmistamiseks
2 T. granuleeritud suhkur
1 tl. küpsetuspulber
1 tl. söögisooda
½ tl. soola

Segage suures segamiskausis starter, valtsitud kaer ja piim; katke kaanega ja laske 30 minutit leti peal seista.

Vahusta ettevaatlikult muna, sulatatud või, suhkur, küpsetuspulber, sooda ja sool.

Valage ¼ tassi tainast pannkoogi kohta kuumutatud ja võiga määritud pannile või pannile (malm töötab hästi) ja küpseta umbes 3 minutit; pööra pannkoogid ümber ja küpseta teist poolt kuni valmis (umbes 2 minutit). Serveeri tavalise või või, vahtrasiirupi või moosiga.

Pannkookide arv varieerub sõltuvalt üksikute pannkookide suurusest

70. Üleöö Pannkoogid

Starter
1½ tassi pleegitamata universaalset jahu
1 tass piima
½ tassi starterit (viskamine on hea kasutada)
Taigen
2 muna
2 T. võid, sulatatud ja seejärel veidi jahutatud
2 T. granuleeritud suhkur
1 tl. küpsetuspulber
½ tl. soola
Eelnev öö:
Segage suures kausis jahu, piim ja starter; katke ja laske üleöö letil seista.
Järgmisel hommikul:
Sega eraldi kausis munad, või, suhkur, küpsetuspulber ja sool. Lisage see segu lusikaga starterisegu hulka ja segage õrnalt. Kata kauss ja lase seista umbes 15 minutit.
Valage ¼ tassi tainast pannkoogi kohta kuumutatud ja määritud pannile või pannile ning küpseta umbes 3 minutit; pööra pannkoogid ümber ja küpseta teist poolt kuni valmis (umbes 2 minutit).
Pannkookide arv varieerub sõltuvalt üksikute pannkookide suurusest

71. Kõrvitsa pannkoogid

2 muna, munakollased eraldatud
300 g. petipiim
150 g. aktiivne starter
80 g. kõrvitsapüree (tavaline)
180 g. pleegitamata universaalne jahu
2 T. granuleeritud suhkur
1 tl. soola
1 tl. söögisooda
1 tl. küpsetuspulber
½ kuni ¾ tl. jahvatatud kaneel
⅛ tl. jahvatatud muskaatpähkel (valikuline)
¼ tassi võid (½ pulgaga), sulatatud

Eralda munad: pane valged keskmise suurusega segamisnõusse ja tõsta praegu kõrvale; aseta munakollased teise keskmise suurusega segamisnõusse. Vahusta munakollased katki; lisa pett, juuretis ja kõrvitsapüree ning vispelda uuesti, et koostisained seguneksid.

Vahusta suures segamiskausis jahu, suhkur, sool, sooda, küpsetuspulber, kaneel ja muskaatpähkel (kui kasutad). Lisa starterisegu ja sega. Järgmisena lisa sulatatud või ja sega uuesti, kuid nii palju, et jahu ei jääks kuivaks.

Vahusta või kasuta käsimikserit munavalgete vahustamiseks, kuni moodustuvad tugevad piigid, ja seejärel sega need taignasse.

Valage ¼ tassi tainast pannkoogi kohta kuumutatud ja määritud pannile või pannile ning küpseta umbes 3 minutit; pööra pannkoogid ümber ja küpseta teist poolt kuni valmis (umbes 2 minutit).

Pannkookide arv varieerub sõltuvalt üksikute pannkookide suurusest

72. Kiired pannkoogid

2 tassi pleegitamata universaalset jahu
2 T. granuleeritud suhkur
2 tl. küpsetuspulber
1 tl. söögisooda
½ tl. soola
1½ tassi piima
1 tass hiljuti söödetud starterit
1 muna, lahtiklopitud
2 T. õli

Vahusta jahu, suhkur, küpsetuspulber, sooda ja sool. Lisa piim, starter, muna ja õli ning sega õrnalt.

Valage ¼ tassi tainast pannkoogi kohta kuumutatud ja määritud pannile või pannile ning küpseta umbes 3 minutit; pööra pannkoogid ümber ja küpseta teist poolt kuni valmis (umbes 2 minutit).

Serveeri või, siirupi või moosiga.

Teeb 12-16 pannkooki

73. Kiired vahvlid

1 tass starterit või visake ära
⅔ tassi piima
2 T. õli
1 T. granuleeritud suhkur
2 muna
1 tass pleegitamata universaalset jahu
1 tl. söögisooda

Eelsoojendage vahvliraud.

Lisage keskmisesse segamisnõusse starter, piim, õli, suhkur ja munad; sega hästi.

Klopi omavahel jahu ja sooda ning sega juuretisegu hulka. Vajadusel lisage taigna õige konsistentsi saavutamiseks veidi rohkem piima või jahu.

Järgige vahvliraua kaasasolevaid juhiseid, valage tainas vahvlirauda ja küpsetage. Serveeri kohe, peale või, siirup, moosi vms.

Kogused sõltuvad kasutatava vahvliraua suurusest, kuid partii kohta saan 5 vahvlit

74. Rukkipannkoogid

480 g. aktiivne starter
1 muna, lahtiklopitud
120 g. piim
30 g. võid, sulatatud ja veidi jahutatud
25 g. granuleeritud suhkur
6 g. soola
115 g. rukkijahu
Vajadusel pleegitamata universaalne jahu
½ tl. söögisoodat lahustatuna 1 T. vees

Sega keskmises segamiskausis starter, muna, piim, või, suhkur ja sool, kuni see on hästi segunenud. Lisage rukkijahu ja segage uuesti; lisage piisavalt universaalset jahu, et saavutada soovitud pannkoogitaina konsistents. Segage hoolikalt, et taignasse ei jääks tükke. Vahetult enne toiduvalmistamise alustamist valage lahustatud söögisoodat ja segage uuesti hoolikalt.

Valage ¼ tassi tainast pannkoogi kohta kuumutatud ja määritud pannile või pannile ning küpseta umbes 3 minutit; pööra pannkoogid ümber ja küpseta teist poolt kuni valmis (umbes 2 minutit).

Serveeri või, siirupi, moosi või magustatud õunakastmega.

Teeb 10-12 pannkooki

75. Vorsti ja juuretisega leivakiht

4 tassi juuretisega leiba, kuubikuteks
1 nael hommikusöögivorsti või Itaalia vorsti, keedetud ja murendatud
2 tassi teravat cheddari juustu, tükeldatud (kui ostate juustuploki ja rebite selle ise, on juust sulavam)
12 muna
2¼ tassi piima
2 tl. kuiv jahvatatud sinep
1 tl. soola
½ tl. jahvatatud pipar

Pange kihid kokku eelmisel õhtul, et saaksite selle hommikul küpsetada. Selles retseptis kasutatakse juuretisega leiba ja see sobib suurepäraselt leivajääkide ärakasutamiseks.

Eelnev öö:
Määri või võiga 9 × 13-tolline küpsetusvorm. Sega saiakuubikud ja keeduvorst ning jaota ühtlaselt panni põhja. Järgmisena puista riivitud juust ühtlaselt vorsti ja leiva peale.
Klopi keskmises segamiskausis munad, piim, kuiv sinep, sool ja pipar korralikult lahti. Vala munasegu saiakuubikutele, vorstile ja juustule. Kata küpsetusvorm alumiiniumfooliumiga, surudes servad tihedalt kokku. Hoia üleöö külmkapis.

Järgmisel päeval:
Eemaldage kihid külmkapist, jätke see kaetuks ja asetage see lauale veidi soojenema (umbes 30 minutit).
Kuumuta ahi 350°-ni. Küpsetage kihte 30 minutit, veel alumiiniumfooliumiga kaetud; eemalda foolium ja jätka küpsetamist veel 25–30 minutit või kuni kihid on paisunud ja keskosa on hangunud. Lõika see ruutudeks ja serveeri.
Teeb 8 kuni 12 ruutu

76. Hapukoorega leib Prantsuse röstsai

See retsept sobib suurepäraselt ära kulunud juuretisega leivajääkide ärakasutamiseks.

4 muna
½ tassi piima
Sool ja pipar maitse järgi
8 paksu viilu juuretisega leiba
Või keetmiseks

Klopi lamedapõhjalises vormis, näiteks klaasist pirukaplaadil või küpsetusvormis munad, piim ning sool ja pipar hästi segunemiseni. (Ainete segamiseks võib kasutada ka blenderit.) Lisa juuretisega leivaviilud ja lase neil munasegu imada.

Sulata pannil või praepannil keskmisel kuumusel veidi võid; lisa leotatud saiaviilud ja küpseta mitu minutit või kuni põhi on kuldpruun; keerake prantsuse röstsai ümber ja küpsetage teist poolt, kuni see on valmis ja kuldpruun. Jälgige hoolikalt temperatuuri, et prantsuse röstsai ei kõrbeks ega läheks enne küpsetamist liiga tumedaks.

Serveeri tavaline või koos või, tuhksuhkru või vahtrasiirupiga.

Teeb 8 viilu

77. Kärnkonn augus

Määri või, toasoe
6 paksult viilutatud juuretisega leiba, mille keskelt on auk lõigatud või välja rebitud, läbimõõt umbes 4 tolli (või kasutage biskviitlõikurit)
6 muna
Sool ja pipar maitse järgi
Määri saiaviilude mõlemale poolele võiga. Tõsta leib eelsoojendatud pannile. Küpseta keskmisel-madalal kuumusel, kuni alumised küljed on kuldpruunid ja röstitud. Pöörake leib ümber ja lööge iga leivatüki auku muna. Soovi korral puista peale soola ja pipart (või serveerimisel lauale soola ja pipart). Kata pann kaanega ja küpseta, kuni munavalged on hangunud. Soovi korral võid röstsaiatükid kiiresti esimesele küljele ümber pöörata, et munad veidi tugevamaks küpseksid.
Serveerib 6

78. Täistera nisu pannkoogid

2½ tassi täistera nisujahu (täisteranisu kondiitrijahust saab mõnevõrra kergema ja kohevama pannkoogi, kuid see pole vajalik)
2 tassi piima
1 tass starterit
2 T. õli
2 muna
¼ tassi suhkrut
2 tl. söögisooda
1 tl. soola

Segage suures segamiskausis jahu, piim, starter ja õli, kuni need on segunenud, kuid mitte ühtlased. Laske sellel 30 minutit toatemperatuuril seista.

Lisa munad, suhkur, sooda ja sool ning sega uuesti. Kui mõned tükid jäävad, on kõik korras.

Valage ¼ tassi tainast pannkoogi kohta kuumutatud ja määritud pannile või pannile ning küpseta umbes 3 minutit; pööra pannkoogid ümber ja küpseta teist poolt kuni valmis (umbes 2 minutit).

Pannkookide arv varieerub sõltuvalt üksikute pannkookide suurusest

RUKI HAPUPEAS

79. Rukkileib

Koostisained
- ¾ tassi (200 ml) vett, toatemperatuur
- 2 tassi (200 g) peeneks jahvatatud rukkijahu
- ½ tassi (100 g) riivitud õuna, kooritud

Juhised

a) Sega koostisained ja lase 2–4 päeva seista tihedalt suletavas kaanega klaaspurgis. Segage hommikuti ja õhtuti.

b) Starter on valmis, kui segu hakkab mullitama. Sellest hetkest peale ei pea muud tegema, kui tainast "söötma", et see säilitaks oma maitse ja käärimisvõime. Kui jätate juuretise külmkappi, söödake seda kord nädalas ½ tassi (100 ml) vee ja 1 tassi (100 g) rukkijahuga. Kui hoiate juuretist toatemperatuuril, tuleks seda sööta iga päev, samal viisil. Konsistents peaks sarnanema paksu pudruga.

c) Kui juuretisest jääb üle, võid selle sügavkülmutada anumates, kuhu mahub pool tassi või jätta osa sellest kuivama.

80. Levain

Teeb 2 pätsi
Koostisained
1. päev
- 3½ untsi. (100 g) nisujuuretise juuretis
- 1 tass (200 ml) vett, toatemperatuur
- 1¼ tassi (150 g) nisujahu
- ½ tassi (50 g) segamata rukkijahu (st ilma nisuta jahu) Sega kõik koostisained korralikult läbi.

2. päev
- 2 tassi (450 ml) vett, toatemperatuur
- 6 tassi (750 g) nisujahu 4 tl (20 g) meresoola

Juhised
a) Pane tainas kaussi ja kata see toidukilega. Hoidke seda külmkapis üleöö.
b) Lisa tainale vesi ja jahu. Sõtku korralikult läbi. Lisa sool. Sõtku tainast veel 2 minutit.
c) Lase 1 tund kerkida ja vormi siis õrnalt kaheks pätsiks.
d) Lase pätsidel riide all 45 minutit kerkida.
e) Ahju algtemperatuur: 525 °F (280 °C)
f) Pane pätsid ahju. Piserdage ahju põhja tassitäis vett. Alandage temperatuuri 230 °C-ni (450 °F) ja küpsetage 30 minutit.
g) Vala tainas ettevaatlikult jahusele pinnale. Jagage see kaheks osaks.
h) Voldi tainas õrnalt kokku.
i) Vormi tainast ettevaatlikult kaks piklikku pätsi.

81. Rukis Ciabatta

Teeb umbes 10 pätsi
Koostisained
- 7 untsi (200 g) nisu juuretisest
- ½ tassi (50 g) peent rukkijahu
- 4 tassi (500 g) nisujahu
- u. 1⅔ tassi (400 ml) vett, toatemperatuur
- ½ supilusikatäit (10 g) soola
- oliivõli kausi jaoks

Juhised

a) Sega kõik koostisosad peale soola ja sõtku korralikult läbi. Lisa sool.

b) Asetage tainas võiga määritud segamisnõusse. Kata kilega ja lase tainal üleöö külmkapis seista.

c) Järgmisel päeval kalla tainas õrnalt küpsetuslauale.

d) Voldi tainas kokku ja lase külmkapis seista umbes 5 tundi, keerates tainast iga tunni tagant uuesti kokku.

e) Vala tainas lauale. Lõika see umbes 2 × 6 tolli (10 × 15 cm) suurusteks tükkideks ja asetage need määritud küpsetusplaadile. Lase neil veel 10 tundi külmkapis kerkida. Seetõttu kulub selle leiva valmistamiseks umbes 2 päeva.

f) Ahju algtemperatuur: 475 °F (250 °C)

g) Aseta pätsid ahju. Piserdage ahju põrandale tass vett. Alandage temperatuuri 210 °C-ni (400 °F) ja küpsetage umbes 15 minutit.

h) Voldi tainas kokku ja jäta umbes 5 tunniks külmkappi seisma. Korrake voltimist selle aja jooksul üks tund.

i) Aseta tainas jahusele pinnale ja venita välja.

j) Lõika tainas umbes 2 × 6 tolli (10 × 15 cm) suurusteks tükkideks.

82. Prantsuse talupojaleib

Tee 1 päts
Koostisained
- 2 tassi (500 ml) vett, toatemperatuur
- 5 tassi (600 g) nisujahu
- 2 tassi (200 g) sõelutud speltajahu
- 4½ untsi. (125 g) nisujuuretise juuretis
- 4½ untsi. (125 g) rukkijuuretise juuretis
- 1½ supilusikatäit (25 g) soola oliivõli kausi jaoks

Juhised
a) Sega kõik koostisained peale soola kuni tainas on ühtlane.
b) Kui tainas on hästi sõtkutud, lisa sool. Jätkake sõtkumist veel paar minutit. Asetage tainas õliga määritud segamisnõusse ja katke rätikuga.
c) Lase taignal umbes 2 tundi kerkida.
d) Vala tainas jahuga ülepuistatud lauale ja vormi üheks pikaks pätsiks. Lase kerkida umbes 40 minutit.
e) Ahju algtemperatuur: 525 °F (270 °C)
f) Aseta leib ahju ja piserda ahju põhja tassitäis vett. Vähendage temperatuuri 230 °C-ni (450 °F).
g) Küpseta umbes 30 minutit.

83. Sarapuupähkli leib

Teeb 2 pätsi
Koostisained
- 2 tassi (500 ml) vett, toatemperatuur
- 16 untsi. (450 g) rukkijuuretise juuretis
- 3¾ tassi (450 g) nisujahu
- 2¼ tassi (225 g) sõelutud speltajahu
- 2¼ tassi (225 g) peent rukkijahu
- 1½ supilusikatäit (25 g) soola
- 2½ tassi (350 g) terveid sarapuupähkleid
- oliiviõli kausi jaoks

Juhised
a) Sega omavahel kõik koostisosad, välja arvatud sool ja pähklid. Sõtku tainas korralikult läbi.
b) Lisa sool ja pähklid ning sõtku tainasse.
c) Pane tainas õliga määritud plastikust segamisnõusse ja lase kerkida umbes 3 tundi.
d) Eraldage ja vormige tainas 2 pätsi ja asetage need rasvainega määritud ahjuplaadile. Lase veel umbes tund kerkida.
e) Ahju algtemperatuur: 525 °F (270 °C)
f) Asetage pätsid ahju ja vähendage temperatuuri 230 °C-ni (450 °F).
g) Küpseta pätsi 30–40 minutit.

84. Vene magus leib

Teeb 1 pätsi
Koostisained
- 26½ untsi. (750 g) rukkijuuretise juuretis
- 1¼ tassi (300 ml) vett, toatemperatuur
- 3½ teelusikatäit (20 g) soola
- 1 supilusikatäis (10 g) köömneid
- 2½ tassi (300 g) nisujahu
- 3 tassi (300 g) sõelutud speltajahu

Juhised

a) Sega koostisained ja sõtku, kuni tainas on ühtlane. Lase riide all 1 tund kerkida.

b) Vormi tainast suur ümmargune päts. Asetage see määritud ahjuplaadile ja katke rätikuga.

c) Lase taignal 1–2 tundi kerkida.

d) Enne ahju panemist puista tainas jahuga üle. Küpseta ahjus temperatuuril 400 °F (210 °C) umbes 40–50 minutit.

85. Taani rukkileib

Teeb 3 pätsi
Koostisained
1. päev
- 2 tassi (500 ml) vett, toatemperatuur
- 3 tassi (300 g) täistera rukkijahu
- 1 unts. (25 g) rukkijuuretise juuretis

2. päev
- 4 tassi (1 liiter) vett, toatemperatuur
- 8 tassi (800 g) täistera rukkijahu
- 2 tassi (250 g) täistera nisujahu
- 2 supilusikatäit (35 g) soola
- 4½ untsi. (125 g) päevalilleseemned
- 4½ untsi. (125 g) kõrvitsaseemneid
- 2½ untsi. (75 g) terveid linaseemneid

Juhised

a) Sega ained korralikult läbi ja lase üleöö toatemperatuuril seista.

b) Kombineeri eelmisel päeval valmistatud tainas uute koostisosadega. Sega hoolikalt umbes 10 minutit.

c) Jagage tainas kolmeks 8 × 4 × 3 tolli (1½ liitriseks) leivavormiks. Pannid peaksid olema täidetud ainult kahe kolmandiku ulatuses. Lase soojas kohas 3–4 tundi kerkida.

d) Ahju algtemperatuur: 475 °F (250 °C)

e) Asetage pannid ahju ja vähendage temperatuuri 180 °C-ni (350 °F). Piserdage ahju põrandale tass vett. Küpseta pätsi 40–50 minutit.

f) 2. päev: sega ülejäänud koostisosad eelroaga.

g) Sega tainast korralikult umbes 10 minutit.

h) Asetage tainas 8 × 4 × 3-tollisse leivavormi (1 1/2 liitrit). Täitke pann mitte rohkem kui kaks kolmandikku tipust. Lase kerkida, kuni tainas on jõudnud vormi servani.

86. Kreeka pähkli leib

Teeb 1 pätsi
Koostisained
- 2 tassi (500 ml) vett, toatemperatuur
- 14 untsi. (400 g) rukkijuuretise juuretis
- 4 tassi (400 g) segamata rukkijahu (st ilma nisujahuta)
- 4 tassi (500 g) nisujahu
- 14 untsi. (400 g) terveid kreeka pähkleid
- 3½ teelusikatäit (20 g) soola
- oliiviõli kausi jaoks

Juhised
a) Sega kõik koostisosad, välja arvatud kreeka pähklid ja sool. Sõtku, kuni tainas on ühtlane.
b) Kui tainas on hästi sõtkutud, lisa sool ja kreeka pähklid. Jätkake sõtkumist veel paar minutit.
c) Seejärel asetage tainas õlitatud segamisnõusse ja katke see rätikuga.
d) Lase taignal umbes 2 tundi kerkida.
e) Tõsta tainas jahusele pinnale ja vormi sellest üks ümmargune päts. Lase õliga määritud ahjuplaadil umbes 30 minutit kerkida.
f) Ahju algtemperatuur: 475 °F (250 °C)
g) Aseta leib ahju ja piserda ahju põhja tassitäis vett. Vähendage temperatuuri 230 °C-ni (450 °F).
h) Küpseta leiba umbes 30 minutit.
i) Kui tainas on hästi sõtkutud, lisa sool ja kreeka pähklid. Sõtku uuesti paar minutit.
j) Kui tainas on kerkinud, lõika see kaheks osaks.
k) Tasandage tükid ahjuplaadil veidi.

87. Speltaleib apelsiniga

Teeb 1 pätsi
Koostisained
Samm 1
- ½ tavalise suurusega apelsinist

2. samm
- apelsinikoore tükid
- 7 untsi (200 g) rukkijuuretise juuretis
- 1 tass (200 ml) vett, toatemperatuur
- ½ supilusikatäit (10 g) soola 1 tl (5 g) apteegitilli
- umbes 6–7 tassi (600–700 g) sõelutud speltajahu

Juhised
a) Koori apelsin. Hauta koort vees paar minutit. Tõsta veest välja ja lase veidi jahtuda.

b) Kaabi lusikaga koore siseküljelt valge osa ära. Haki koor väikesteks tükkideks.

c) Sega kõik koostisosad, kuid lisa aeglaselt paar viimast tassi jahu. Speltajahu ei ima vedelikku samamoodi nagu tavaline nisujahu. Sõtku korralikult läbi.

d) Lase taignal umbes 30 minutit kerkida.

e) Vormi tainast ümmargune päts ja aseta võiga määritud ahjuplaadile. Lase tainal kerkida, kuni see on kahekordistunud; selleks võib kuluda kuni paar tundi.

f) Küpseta temperatuuril 400 °F (200 °C) umbes 25 minutit.

g) Pintselda leib pärast ahjust väljavõtmist veega üle.

88. Aniisi leib

Teeb 1 pätsi

Koostisained

- 3 tassi (300 g) peeneks jahvatatud rukkijahu
- 2½ tassi (250 g) sõelutud speltajahu
- 10½ untsi. (300 g) rukkijuuretise juuretis
- ½ supilusikatäit (10 g) soola
- 4 tl (20 g) toorsuhkrut
- 1¼ tassi (300 ml) madala alkoholisisaldusega õlut, toatemperatuur
- ½ oz. (15 g) purustatud aniisi
- 1¾ untsi. (50 g) linaseemneid

Juhised

a) Sega kõik koostisained. Tainas tuleb üsna kleepuv. Lase seista toatemperatuuril umbes 1 tund.

b) Puista käed kergelt jahuga ja sõtku õrnalt tainast. Vormi tainast suur ümmargune kukkel ja aseta rasvainega määritud ahjuplaadile.

c) Lase leival kerkida, kuni see on kahekordistunud. Selleks võib kuluda paar tundi.

d) Ahju algtemperatuur: 450 °F (230 °C)

e) Aseta leib ahju ja piserda põhjale tassitäis vett. Alandage temperatuuri 180 °C-ni (350 °F) ja küpsetage 45–55 minutit.

89. Päevalilleleib

Teeb umbes 15–20 rulli
Koostisained
- 1¾ teelusikatäit (5 g) värsket pärmi
- 1¼ tassi (300 ml) vett, toatemperatuur
- 3 tassi (300 g) peeneks jahvatatud rukkijahu
- 2½ tassi (300 g) nisujahu
- 7 untsi (200 g) rukkijuuretise juuretis
- 1 supilusikatäit (15 g) soola
- 3 supilusikatäit (50 g) mett
- ⅔ tassi (150 ml) päevalilleseemneid
- 1 supilusikatäit (10 g) köömneid

Juhised

a) Lahusta pärm väheses vees. Lisa kõik koostisosad ja sega korralikult läbi.
b) Lase tainal soojas kohas kerkida, kuni see on kahekordistunud. Selleks kulub 1–2 tundi.
c) Vormige tainast viisteist kuni kakskümmend väikest rulli. Asetage need võiga määritud ahjuplaadile ja laske soojas kohas kerkida, kuni need on kahekordseks kasvanud.
d) Küpsetage temperatuuril 350 ° F (180 ° C) umbes 10 minutit.
e) Sõtku tainas pärast kerkimist ja vormi pikaks rulliks.
f) Lõika tainas viieteistkümneks kuni kahekümneks tükiks.
g) Vormi ümmargused pätsid ja tõsta ahjuplaadile kahekordseks kerkima.

90. Õlleleib

Teeb 2 pätsi

Koostisained
- umbes 1¼ tassi (300 ml) õlut, toatemperatuur
- 7 teelusikatäit (20 g) värsket pärmi
- 1 supilusikatäit (15 g) soola
- 16 untsi. (450 g) rukkijuuretise juuretis
- 5½ tassi (700 g) täistera nisujahu

Juhised

a) Sega omavahel kõik koostisosad, välja arvatud jahu. Lisa vähehaaval jahu ja sega korralikult läbi. Ärge lisage kogu jahu korraga; enne jahu lisamist testige tainast, et veenduda, et see on elastne.

b) Sõtku korralikult läbi.

c) Lase tainal umbes 15 minutit seista. Sõtku korralikult läbi.

d) Vormi tainast kaks pätsi ja lase rasvainega määritud ahjuplaadil kerkida, kuni see on umbes kahekordistunud. Puista saiale veidi jahu.

e) Ahju algtemperatuur: 475 °F (250 °C)

f) Aseta pätsid ahju ja piserda põhjale tassitäis vett. Langetage temperatuur 200 °C-ni (400 °F).

g) Küpseta leiba umbes 45 minutit.

91. Krõbe rukkileib

Teeb umbes 20 kreekerit
Koostisained
- 17½ untsi. (500 g) täistera rukkijahust valmistatud rukkijuuretise juuretis
- 17½ untsi. (500 g) nisujuuretise juuretis
- 5 tassi (500 g) peent rukkijahu
- ½ supilusikatäit (10 g) soola

Juhised
a) Sega ained korralikult läbi ja lase tainal umbes 2 tundi kerkida.
b) Rulli tainas võimalikult õhukeseks. Lõika kreekeriteks ja aseta rasvainega määritud ahjuplaadile. Torgake kahvliga, et leib ei mullitaks.
c) Lase kreekeritel 2–3 tundi kerkida.
d) Küpsetage temperatuuril 400 ° F (210 ° C) umbes 10 minutit.

92. Maitsev krõbe leib

Teeb 15 kreekerit
Koostisained
- ½ oz. (10 g) värsket pärmi
- 1⅔ tassi (400 ml) külma vett
- 3½ untsi. (100 g) rukkijuuretise juuretis
- 3½ untsi. (100 g) nisujuuretise juuretis
- 3 tassi (300 g) täisrukkijahu
- 4¼ tassi (550 g) nisujahu
- 1 supilusikatäit (15 g) soola
- ½ oz. (15 g) aniisi meresoola katteks

Juhised
a) Lahusta pärm vees ja sega juuretisega. Lisa jahu ja sõtku korralikult läbi. Lase tainal umbes 15 minutit seista.
b) Lisa sool ja aniis ning sõtku tainast veel korra läbi. Asetage kilega kaetud kaussi. Lase üleöö külmikus kerkida.
c) Järgmisel päeval lõika tainas viieteistkümneks tükiks. Rulli iga taignatükk lahti, kuni sellest saab õhuke kreeker. Taigna kleepumise vältimiseks määri taignarull kergelt jahuga. Aeg-ajalt keerake kreeker ümber, et veenduda, et tainas on korralikult laiali.
d) Aseta kreekerid küpsetuspaberiga kaetud ahjuplaadile. Torgake neid kahvliga. Puista maitse järgi veidi meresoola.
e) Küpseta kreekereid umbes 210 °C (400 °F) juures 15 minutit. Laske kreekeritel jahutusrestil kuivada.
f) Vormi tainas rullideks ja lõika viieteistkümneks tükiks.
g) Rulli iga taignatükk õhukeseks vahvliks. Määri tainas kergelt jahuga, et see taignarulli külge ei jääks.
h) Torgake kreekerid kahvliga läbi. Puista üle meresoolaga ja aseta küpsetuspaberiga kaetud lehele.

93. Õhukesed kreekerid

Teeb 6–8 suurt kreekerit
Koostisained
- ¾ tassi (200 ml) suure rasvasisaldusega jogurtit
- 7 untsi (200 g) rukkijuuretise juuretis
- 2 tl (15 g) mett
- ½ supilusikatäit (10 g) soola
- 4 tassi (500 g) nisujahu

Juhised

a) Sega kõik koostisosad ja sõtku tainas korralikult läbi.

b) Lõika tainas kuueks kuni kaheksaks ümmarguseks tükiks. Rulli tükid õhukesteks vahvliteks. Puista pind ja tainas kergelt jahuga, et tainas ei kleepuks. Asetage kreekerid võiga määritud ahjuplaadile ja torgake need kahvliga läbi.

c) Küpseta kreekereid temperatuuril 430 °F (220 °C) umbes 10 minutit. Laske neil jahutusrestil kuivada.

d) Rulli tainas pikaks silindriks ja lõika kuueks kuni kaheksaks tükiks.

e) Rulli tainas võimalikult õhukeseks.

f) Torka kahvliga.

94. Kartuli leib

Teeb 1 pätsi
Koostisained
1. samm (taigna eel)
- 1 partii kartuli juuretist
- 2 tassi (250 g) nisujahu
- 1¾ untsi. (50 g) kibuvitsa koored

2. samm
- ¾ tassi (200 ml) vett, toatemperatuur
- ½ supilusikatäit (10 g) soola
- ½ tassi (50 g) peeneks jahvatatud rukkijahu
- 2 tassi (200 g) sõelutud speltajahu

Juhised
a) Sega juuretis ja jahu ning lase külmkapis umbes 8 tundi seista.
b) Leota kibuvitsamarjade kestad eraldi kaussi.
c) Eemaldage eeltaigen külmkapist. Lisa ülaltoodud koostisosad ja nõrutatud kibuvitsakoored.
d) Sõtku tainas korralikult läbi ja vormi päts. Aseta võiga määritud ahjuplaadile ja lase riide all kerkida, kuni see on kahekordistunud. Selleks võib kuluda paar tundi.
e) Küpseta leiba temperatuuril 400 °F (200 °C) umbes 25 minutit.

SPELTA HAPUPEAS

95. Spelta hapukoor

Teeb 2 pätsi

Koostisained
- 35 untsi. (1 kg) spelta juuretisega juuretis
- 1 supilusikatäit (15 g) soola
- 3 supilusikatäit (25 g) värsket pärmi
- 2½ supilusikatäit (35 ml) siirupit (võib asendada tumeda siirupiga)
- ½ tassi (100 ml) vett, toatemperatuur
- 6 tassi (625 g) peent rukkijahu
- 1¾ tassi (225 g) nisujahu

Juhised
a) Sega ained korralikult läbi ja lase umbes 30 minutit kerkida.
b) Vormi õrnalt kaks piklikku pätsi ja puista üle jahuga. Lase leival kerkida, kuni pätsid on kahekordseks kasvanud (võimalusel lase korvis kerkida).
c) Ahju algtemperatuur: 475 °F (250 °C)
d) Aseta pätsid ahju ja piserda ahjupõrandale tassitäis vett. Vähendage temperatuuri 375 °F-ni (195 °C).
e) Küpseta umbes 30 minutit.

96. Spelta- ja rukkileib

Koostis:
300 g speltajahu
100 g rukkijahu
100 g leivajahu
350 g vett
100g juuretisega eelroog
10 g soola

Juhised:
Sega suures segamiskausis speltajahu, rukkijahu, leivajahu ja vesi. Sega seni, kuni saad pulse taigna. Lisa kaussi juuretise juuretis ja sool. Sega kõik kokku, kuni moodustub ühtlane tainas.
Tõsta tainas jahusel pinnale ja sõtku umbes 10 minutit. Sul peaks olema ühtlane, elastne tainas.
Asetage tainas võiga määritud kaussi ja katke see kile või köögirätikuga. Lase toatemperatuuril kerkida umbes 6-8 tundi või kuni see on kahekordistunud.
Kuumuta ahi temperatuurini 450 °F (230 °C). Kui teil on Hollandi ahi, asetage see samuti ahju eelsoojenema.
Kui tainas on kerkinud, kummuta see jahusel pinnal ja vormi ümmarguseks või ovaalseks pätsiks.
Asetage päts eelkuumutatud Hollandi ahju või küpsetuspaberiga kaetud ahjuplaadile. Lõika pätsi ülaosa terava noa või habemenuga.
Küpseta 30–35 minutit või kuni koor on kuldpruun ja leiva sisetemperatuur jõuab 93–99 °C-ni.
Võta leib ahjust välja ja lase restil enne viilutamist vähemalt 30 minutit jahtuda.

97. Speltast juuretisega bagelid

Koostis:
500 g speltajahu
350 g vett
100g juuretisega eelroog
10 g soola
1 spl mett
1 muna, lahtiklopitud
Mooniseemned

Juhised:
Sega suures segamiskausis speltajahu ja vesi. Sega seni, kuni saad pulse taigna.
Lisa kaussi juuretise juuretis, sool ja mesi. Sega kõik kokku, kuni moodustub ühtlane tainas.
Tõsta tainas jahusel pinnale ja sõtku umbes 10 minutit. Sul peaks olema ühtlane, elastne tainas.
Asetage tainas võiga määritud kaussi ja katke see kile või köögirätikuga. Lase toatemperatuuril kerkida umbes 6-8 tundi või kuni see on kahekordistunud.
Kuumuta ahi temperatuurini 450 °F (230 °C).
Kui tainas on kerkinud, kummuta see jahusel pinnal ja jaga 8-10 võrdseks tükiks.
Rullige iga tükk palliks, seejärel torkake pöidlaga keskelt läbi auk.
Venitage auk, kuni selle läbimõõt on umbes 1-2 tolli.
Aseta bagelid küpsetuspaberiga kaetud ahjuplaadile. Määri kuklite pealsed pealt lahtiklopitud munaga ja puista peale mooniseemneid.
Küpseta 20-25 minutit või kuni bagelid on kuldpruunid ja läbi küpsenud.
Eemaldage bagelid ahjust ja laske neil enne viilutamist ja serveerimist vähemalt 30 minutit restil jahtuda.

98. Kartuli juuretis

Koostisained
- 2 keskmise suurusega kartulit, kooritud
- 1 tl mett
- 1 supilusikatäis speltajahu, sõelutud

Juhised

a) Sega kartulid, kuni need meenutavad tangut. Sega hulka mesi ja speltajahu.

b) Hoidke segu tihedalt suletava kaanega purgis. Segage hommikuti ja õhtuti.

c) Selle juuretise valmistamine võtab tavaliselt veidi kauem aega kui teistel, kuid see on kindlasti lisaaega väärt. Selle valmimiseni kulub 5–7 päeva.

d) Starter on valmis, kui segu hakkab mullitama. Sellest hetkest peale ei pea muud tegema, kui tainast "söötma", et see säilitaks oma maitse ja käärimisvõime.

99. Läätsede juuretis

Koostisained

1. päev
- ½ tassi (100 ml) kuivatatud rohelisi läätsi
- ½ tassi (100 ml) vett, toatemperatuur
- 1 supilusikatäis speltajahu, sõelutud

2. päev
- ½ tassi (100 ml) vett, toatemperatuur

Juhised

a) Sega saumikseriga läätsed, kuni need hakkavad jahu meenutama. Lisa vesi ja speltajahu.

b) Vala segu tihedalt suletava kaanega purki.

c) Lisa vesi. Sega korralikult läbi ja lase klaaspurgis 2–4 päeva seista. Segage hommikuti ja õhtuti. Starter on valmis, kui segu hakkab mullitama. Sellest hetkest peale ei pea muud tegema, kui tainast "söötma", et see säilitaks oma maitse ja käärimisvõime.

d) Kata klaaspurgi põhi orgaaniliste rosinatega. Lisa leiget vett nii, et peaaegu kaks kolmandikku purgist oleks täidetud. Kinnitage tihedalt suletava kaanega.

e) Jätke purk toatemperatuurile umbes 6–7 päevaks, kuni ilmuvad märgatavad pärmimullid. Esialgne protsess võib olenevalt ruumi temperatuurist erineda.

f) Segage segu. Aseta õhukindlasse purki ja lase 3 päeva toatemperatuuril seista.

g) Võite ka juuretise kuivatada. Asetage küpsetuspaberi leht küpsetusplaadile. Kata see õhukese juuretise juuretisega (1–2 mm). Asetage see ahju ja lülitage ahju tuli sisse. Jätke see ahju, kuni juuretis on täielikult kuivanud (selleks kulub kaksteist kuni kakskümmend tundi). Seejärel murendage kuiv tainas, asetage see purki ja katke kaanega. Hoidke purki toatemperatuuril kuivas keskkonnas.

h) Kui olete küpsetamiseks valmis, segage paar supilusikatäit kuiva tainast 1 tassi (200 ml) vee ja 1,5 tassi (200 g) jahuga. Järgmisel päeval on teil "aktiveeritud juuretisega starter".

100. Oliivileib

Teeb 2 pätsi

Koostisained

- 10½ untsi. (300 g) spelta juuretisega juuretis
- 6 tassi (600 g) speltajahu, sõelutud
- 1¼ tassi (300 ml) vett, toatemperatuur
- 1 supilusikatäit mett
- 1 supilusikatäit soola
- ⅔ tassi (150 g) kivideta oliive, eelistatavalt rohelise ja musta segu

Juhised

a) Sega kõik koostisosad, välja arvatud oliivid. Sõtku korralikult läbi. Tainas peaks olema üsna "nõrk". Tasandage tainas "koogiks", mille läbimõõt on 12 tolli (30 cm). Tükelda pool oliividest. Lisa tükeldatud oliivid ja sega hulka terved oliivid. Rulli tainas kokku ja lase 2–3 tundi kerkida. Lõika tainas 2 tükiks ja vormi pätsid. Lase pätsidel veel 20 minutit kerkida.

b) Ahju algtemperatuur: 475 °F (250 °C)

c) Asetage leib ahju ja alandage temperatuuri 200 °C-ni (400 °F). Küpseta umbes 30–40 minutit.

d) Voldi tainas oliivide peale.

e) Kui tainas on 2–3 tundi käärinud, lõigake tainas pooleks.

f) Vormi leib nii, et oliivisegu tuleks välja.

KOKKUVÕTE

Kodutalu juuretise retseptid on suurepärane võimalus nautida juuretisega leiva maitsvat maitset, ilma et peaksite toetuma kaubanduslikule pärmile või lisaainetele. Kasutades looduslikke koostisosi ja võttes aega, et lasta tainal käärida, saate luua toitva ja maitseka pätsi, mis sobib suurepäraselt igaks toidukorraks. Olenemata sellest, kas olete kogenud pagar või alles alustate, on neid retsepte lihtne järgida ja need annavad iga kord suurepäraseid tulemusi. Miks siis mitte proovida ja kogeda kodus oma maitsva juuretisega leiva küpsetamise rõõmu?

www.ingramcontent.com/pod-product-compliance
Lightning Source LLC
Chambersburg PA
CBHW072050110526
44590CB00018B/3106